CESAR MAGNO

O RESGATE DE TODOS OS TEMPOS

Copyright© 2024 by Literare Books International
Todos os direitos desta edição são reservados à Literare Books International.

Presidente do conselho:
Mauricio Sita

Presidente:
Alessandra Ksenhuck

Vice-presidentes:
Claudia Pires e Julyana Rosa

Diretora de projetos:
Gleide Santos

Capa, projeto gráfico e diagramação:
Gabriel Uchima

Revisão textual-artística:
Edilson Menezes

Revisão:
Ivani Rezende e Daniel Muzitano

Impressão:
Gráfica Paym

Dados Internacionais de Catalogação na Publicação (CIP)
(eDOC BRASIL, Belo Horizonte/MG)

M198r   Magno, Cesar.
      O resgate de todos os tempos / Cesar Magno. – São Paulo, SP: Literare Books International, 2024.
      208 p. : 16 x 23 cm

      Inclui bibliografia
      ISBN 978-65-5922-809-6

      1. Autoconhecimento. 2. Reflexões. 3. Técnicas de autoajuda. I. Título.

CDD 158.1

Elaborado por Maurício Amormino Júnior – CRB6/2422

Literare Books International.
Alameda dos Guatás, 102 – Saúde – São Paulo, SP.
CEP 04053-040
Fone: +55 (0**11) 2659-0968
site: www.literarebooks.com.br
e-mail: literare@literarebooks.com.br

AGRADECIMENTOS

Primeiramente, gratidão aos pais, que me trouxeram à luz com a certeza de que eu contribuiria para um mundo ainda melhor. Às irmãs Diva e Daria, que durante toda a adolescência souberam me direcionar para o caminho reto a ser trilhado.

À esposa Jô, que desde sempre, durante o caminhar diário, me faz "perceber o impercebível" pelo olhar egocêntrico que o leitor vai conhecer durante a obra.

Ao companheiro de trabalho e filho Lucas Magno. Aprendo tanto com a sua leveza de falar e olhar o mundo por outra perspectiva, além de tudo o que o cerca.

À minha princesa e filha Luana Mérida, pela rapidez de agir e pelos embates que nos levam a ver o mundo maior, pelas faíscas que cruzam o convívio dos egocêntricos.

Ao meu caçulinha Luan Magno, meu mestre que, desde a sua infância, faz a diferença em minha vida. Seus questionamentos e sua vontade de voar pelo mundo do conhecimento me levam a sair da zona de conforto.

A todos os amigos que ouviram o "X", obrigado pela paciência. Foi com a repetição que conseguimos transformar o tudo em nada e o nada em tudo, para ver as raízes de nossas almas germinarem dentro de cada um de nós.

Ao Imortal Antônio Rezende de Castro (*in memoriam*), amigo, sócio, mestre. Sem você, nada disso existiria. Somos inseparáveis pelas teorias e pelos papos, como dizia, "em alta frequência".

Agradeço ao Universo porque me proporcionou conviver com tantas pessoas diferentes, e pela oportunidade de viver cada movimento de desafio sempre com esperança e certeza de que era somente uma jornada passageira. Entre um dia e outro, há sempre uma noite no meio e tudo pode mudar.

Agradeço a você, leitor(a), que me conduziu e permitiu "entrar em sua casa" e que, nesse momento, tem o livro em mãos. Minha gratidão pela confiança. Espero que possa experimentar um ótimo mergulho pelo eixo do X.

Ao mestre Dr. João Oliveira, você faz parte de minha história, nossos caminhos se cruzaram e logo mergulhei nessa fonte do conhecimento da análise comportamental e da hipnose. Tudo se iniciou em nossa jornada dos fins de semana, nos intervalos de almoço. Observamos sempre a praia de Copacabana lotada, mas logo após o intervalo voltávamos à sala de aula para lotar nossa cabeça de conhecimento transmitido com leveza e muita sabedoria. Eterna gratidão!

Ao Edilson Menezes, nosso consultor literário, que acreditou e fez nascer esta obra que está em suas mãos. Obrigado por nos levantar nos momentos que pensei em desistir, sua determinação foi a mola mestra para esta obra chegar até o fim. Sua paciência e determinação me fizeram crescer e acreditar que era possível.

Nosso agradecimento a todos que, de alguma forma, contribuíram para a linha de chegada. Sinto que foi e sempre será uma jornada marcada por emoções e aprendizados. Cada pessoa fez a diferença para a concretização. Aprendi com todos vocês e, em especial, com aqueles que estiveram mais próximos.

PREFÁCIO

Em *O resgate de todos os tempos*, Cesar Magno oferece uma jornada iluminadora sobre a essência do ser. Ao explorar os cantos mais profundos da psique, Magno nos desafia a considerar como os desafios da vida moldam nossa identidade e capacidade de conexão com os outros.

Este livro é um convite a um mergulho introspectivo. Pelas histórias reais e reflexões profundas, ele ilustra como os eventos cotidianos são oportunidades para compreender e resgatar nossas verdadeiras essências, mesmo nos momentos mais desafiadores.

A obra transcende a mera narrativa pessoal, transformando-se em um espelho no qual cada leitor pode se ver refletido. Cesar Magno habilmente tece suas experiências com *insights* universais, revelando como nossos caminhos individuais estão interligados.

O autor aborda com sensibilidade temas como autoconhecimento, resiliência e a busca pelo significado. Estas páginas podem ser equiparadas a um mapa para navegar no complexo território das emoções e relações humanas, incentivando-nos a confrontar e abraçar nossas vulnerabilidades.

O resgate de todos os tempos também é uma exploração da condição humana pelo prisma da análise comportamental. Como psicólogo, reconheço o valor dessa abordagem para desvendar a complexidade de nossas ações e reações.

Este livro é uma obra de esperança e transformação. Lembra-nos que, apesar dos desafios, temos a capacidade inerente de superação e crescimento. Suas histórias, contadas em uma narrativa hipnótica, são um testemunho do poder da mente humana em transcender as adversidades.

Ao ler estas páginas, somos encorajados a olhar para dentro e para fora, para aprender com nossas experiências e as dos outros. O livro é um convite a uma jornada de autoconhecimento, na qual o destino é uma compreensão mais profunda de nós mesmos e do mundo ao nosso redor.

Em conclusão, *O resgate de todos os tempo*s é um presente valioso para qualquer pessoa em busca de *insights* profundos sobre a vida, o amor e a conexão humana. Com a mente e o coração abertos, embarque nesta jornada com Cesar Magno e descubra a beleza de se redescobrir.

Prof. Dr. João Oliveira,
Psicólogo e autor de vários livros sobre Análise Comportamental

https://www.joaooliveira.com.br

SUMÁRIO

CAPÍTULO 1
O COMPARTILHAR DO AEROPORTO 15

CAPÍTULO 2
O JOÃO DO PULO 45

CAPÍTULO 3
UM RAIO X DO "X DA QUESTÃO" 85

CAPÍTULO 4
AS FACETAS DO "X DA QUESTÃO"............121

CAPÍTULO 5
O "X" LIBERTANDO A MENTE 135

CAPÍTULO 6
**O "X" NA ÁREA
DOS RELACIONAMENTOS** 167

CAPÍTULO 7
O PAPEL DO "X" NA CARREIRA 189

CAPÍTULO 1

1 O COMPARTILHAR DO AEROPORTO

Chegamos cedinho, e o aeroporto estava lotado. O que acontece nas ruas do Rio de Janeiro ou de qualquer grande capital se reflete no céu e, por fim, nos saguões aeroportuários. Ou seja, é tráfego intenso na rua e no céu, muitas vezes com as aeronaves dando voltas extras em torno dos dois principais aeroportos, à espera de autorização para a sua vez de aterrissar.

Logo na primeira hora, assim que os passageiros e tripulantes caminham rumo à área de desembarque, a gente vê de tudo. A fila indiana que se forma na loja do cafezinho. Os passageiros que disputam espaço no vão livre, às vezes trombando uma mala na outra. Há os que aguardam pacientemente nas longas filas que antecedem o voo, sendo que os mais dados à tecnologia até se antecipam e fazem check-in antes de sair de casa, mas não escapam da fila menor para o despacho de sua bagagem.

Há quem passe apressado e preocupado com a conexão a outros destinos. Já os tripulantes caminham sem pressa, pois foram treinados para cumprir o quesito pontualidade e sempre chegam mais cedo.

Para lá ou para cá, aqui, ali ou acolá, um homem ou uma mulher vai limpando o piso para deixar o aeroporto brilhando, mas quase ninguém repara nessa importante figura.

Nos balcões das companhias aéreas, vê-se de tudo um pouco: alguns funcionários oferecem um sorriso verdadeiro e solícito. Outros, sorriem porque o protocolo assim requer.

Agentes das polícias civil e federal caminham estrategicamente, tentando se misturar e à procura de ilícitos, embora um olhar mais atento seja capaz de vê-los em ação.

Nas cafeterias, é comum ver um funcionário sisudo que evidentemente preferiria estar na cama, mas necessita estar ali para atender os clientes, alguns simpáticos e gentis, outros igualmente sisudos que os tratam de maneira rude ou fria.

Esperando do lado de fora, várias pessoas prestam atenção aos passageiros, à procura daquele que foram encontrar. Dentre a "pequena multidão", estão os familiares e amigos saudosos, os colegas de trabalho que se encontram para algum compromisso, os contratantes que foram "ciceronear" seus convidados, os amantes em busca de encontros furtivos, os músicos da banda que vai tocar naquela noite, os amigos que há muito não se encontravam.

Quem está no aeroporto sabe: se surgir um aglomerado de câmeras e microfones da imprensa, alguém famoso vai chegar ou partir. Então, um grupo de fãs ou de críticos cerca este famoso: apresentador de televisão, jogador de futebol, cantor, atriz, influencer, político. Os artistas são cercados em busca de uma fotografia ou um autógrafo. Os políticos, às vezes para os aplausos e, não raro, para as vaias e protestos de seus antagonistas.

Isso e muito mais, vale dizer que qualquer pessoa dotada de certa capacidade observacional em relação a seus semelhantes não tarda a perceber o cenário e os personagens que frequentam o aeroporto.

Estávamos ali de passagem, para um encontro marcado com uma pessoa do ramo da literatura, a quem eu recorri para entender a melhor maneira de organizar tudo isso que agora tenho a chance de entregar à sociedade, humildemente, sob o formato de livro.

Enquanto eu e o meu mestre, que gentilmente aceitou me acompanhar na viagem de Petrópolis ao Rio de Janeiro, aguardávamos o nosso convidado, comecei a mostrar a ele algumas características do comportamento de nossos semelhantes. Sem julgamento, sem sugerir o que seria certo ou errado, adequado ou inadequado. Apenas um puro e simples exercício para aprendermos um pouco mais sobre a vida e as pessoas. No trecho dos agradecimentos, ficou bem claro quem é esse mestre que acompanhou cada passo da obra.

O executivo caminhava apressado, semblante tenso e ombros arqueados, demonstrando quanta pressão emocional carregava no corpo físico. Eu e o mestre concordamos que o dia daquele cidadão provavelmente não seria nada fácil.

Apesar da pouca idade dele, durante o decorrer do conteúdo, ficará bem claro por que esse querido personagem é chamado de "mestre". Afinal, ele sempre tem uma visão diferente do mundo.

Vimos ainda um casal sorridente se dirigir à área de desembarque com tranquilidade, ambos de corpo e caminhar leves, característica de quem está prestes a curtir alguns dias de férias.

O mestre palpita que eles vão passar uns dias explorando o Rio de Janeiro. Eu vou um pouco mais além e arrisco que estão caminhando bem devagar, provavelmente adiantados para o próximo compromisso. Talvez tomem café nos arredores porque comida de aeroporto nem sempre é das melhores e, em seguida, quem sabe devam ir ao hotel se acomodar e fazer o check-in da reserva. Eu digo ao meu companheiro:

— Observe, mestre. Embora o caminhar da moça esteja relaxado, ela tem um pisar firme e determinado, com certeza é bastante organizada e, no celular dela, deve ter um roteiro completo do que farão mais tarde, talvez uma visita ao aquário, outra ao Corcovado para ver o Cristo Redentor e, se der tempo, quem sabe até encaixam um passeio no Bondinho do Pão de Açúcar para apreciar a vista.

— Conseguiu ver tudo isso no caminhar dela?

— É só um chute. Esteja eu certo ou errado, tenho uma certeza: é um casal bastante apaixonado. Note que a moça segura na mão dele com a força de quem encontrou a pessoa que sempre sonhou, e dificilmente renunciaria a esse grande amor.

O mestre olhou para cima, refletindo. Quando faz isso, alguns segundos depois sempre vem alguma ideia, pergunta, sugestão ou crítica. E, de fato, não mais do que cinco segundos se passaram até revelar o que tinha em mente.

— Pai, já que você tocou no assunto "renúncia", lembra aquele dia que me explicou a sua reflexão sobre as renúncias de si mesmo? Acho que deveria compartilhar no início do livro. Se eu que sou jovem aprendi, gostei e me identifiquei, seus leitores também vão curtir. A gente poderia fazer uma espécie de *brainstorming* da vida, alcançando um pouco dos comportamentos, da carreira, do amor e da nossa capacidade de compartilhar.

Ambos nos ajeitamos na cadeira para outra boa e produtiva conversa, como milhares que tivemos desde que ele começou a pronunciar as primeiras palavras. Pode-se dizer que naquele exato instante o livro que está em suas mãos nasceu e o mestre aceitou me ajudar na estruturação das ideias.

Em alguns segundos entramos em "*rapport*"*, nos esquecemos do povo a circular no aeroporto, dos funcionários, dos ansiosos, egoístas ou egocêntricos que andavam ao nosso redor. Como se fechássemos o vidro de um carro, entramos em nossa bolha, nos desconectamos do mundo e passamos a ser uma só pessoa, pai e filho entregues ao prazer de uma conversa agregadora para ambos, a respeito do comportamento humano. Resolvi provocar o mestre.

— Aceito essa boa tempestade de ideias. É o seguinte: o ponto daquela conversa é que a pessoa precisa renunciar a si mesma ou ganhará o mundo inteiro e perderá a si. Acha que faz sentido?

— Pra falar a verdade, acho que colocando dessa forma seu leitor não vai entender nada. Você poderia explicar melhor, de tal jeito que até uma criança de sete ou oito anos possa entender?

---

* Palavra de origem francesa utilizada pelos idealizadores da Programação Neurolinguística, que retrata a capacidade empática de se comunicar. Em termos práticos, quanto maior o *rapport*, melhores o diálogo e os respectivos resultados.

Sempre apreciei a franqueza simples dele.

— Posso sim, inclusive essa é uma das bases e das chaves do "X da questão", que por sua vez será a nossa ferramenta, o nosso recurso a ser usado para o resgate de todos os tempos. Pense comigo, filho: por que a pessoa se torna fragilizada consigo, com suas ações e seus prazeres?

— Acho que dessa aí eu me lembro do dia em que conversamos. É o lance da visão exterior e interior. Acertei?

— Sim. Imagine que toda pessoa é dotada de visão exterior, que é a capacidade pela qual consegue olhar para fora a fim de ver e interpretar o mundo à sua volta. Além disso, o ser humano foi presenteado com uma excelente capacidade de visão para contemplar o mundo interior, o seu microuniverso, o autoconhecimento, ou como se prefira chamar.

— Daí, com o tempo e as pressões, a visão fica míope se eu não me engano.

— Muito bem. Vejo que você se lembra bem do que conversamos. Mas existem também a hipermetropia e o astigmatismo nessa análise. Sabe qual é a diferença?

— Vixi, pai, nunca me lembro bem como separar as três.

— É bem simples. Miopia é quando temos dificuldade para enxergar o que está distante. Hipermetropia, a dificuldade para ver o que está perto dos olhos. Daí vem o astigmatismo, quando fica complicado enxergar com nitidez tanto de perto quanto de longe.

— Está querendo dizer que o ser humano muitas vezes fica, tipo assim, doente dos olhos para ver o mundo interior e exterior?

— É um pouco mais profundo do que isso, mas está correto e vou detalhar. O mundo globalizado impulsiona o ser humano a viver em altíssima velocidade e sob intensa pressão por resultados. A cada dia, informações se avolumam de tal forma que se torna difícil, senão impossível, acompanhar esse desenvolvimento. Então, acontece o mesmo que costuma ocorrer fisicamente com os olhos do ser humano quando sofrem alguma alteração e resultam em dificuldade para enxergar.

— Traduzindo ou resumindo?

— Não ficou claro, filho?

— Ficou. Só acho que você pode explicar melhor, focando naquela dica que dei sobre ensinar de um jeito que até uma criança compreenda.

Atendi o pedido do mestre e procurei simplificar.

— É assim: míope diante das demandas da vida, a pessoa não enxerga bem o que está por vir, o seu futuro, as oportunidades para ser feliz consigo e com aqueles que ama. Usando a mesma linha de raciocínio, se ela tiver hipermetropia comportamental, a vida pode colocar as oportunidades bem diante de seu nariz e não serão vistas. Por último, se permitir que as pressões da vida e da carreira afetem a sua vida, acabará com o astigmatismo comportamental. Ou seja, não verá as suas melhores chances nem de perto, nem de longe, tampouco saberá como lidar com aqueles que ama, simplesmente porque deixa de enxergar também as demandas e os anseios dos filhos, da esposa e de todos que ama.

— Caramba, pai. Isso é interessante. Mas qual é a causa? É como um surto social e todos passarão por isso mais cedo ou mais tarde?

— Não é uma regra. Espero que o nosso livro ajude a iluminar o caminho das pessoas justamente para que a vida digital e a pressão não façam com que todos surtem. Se isso acontecer e conseguirmos ajudar a pessoa a viver melhor consigo e com os que ama, darei por bem-sucedido o nosso trabalho.

— Entendi e faz sentido. Mas você não respondeu. Cedo ou tarde todos enfrentam isso?

— Não é uma regra, nem todos serão vitimados pelo avanço da tecnologia. Porém, o nosso livro não é direcionado àquele que consegue ser feliz e se virar bem com tudo o que possui em seu conjunto de emoções e comportamentos. Nosso foco é ajudar a resgatar aquela pessoa que, de alguma forma, está se sentindo oprimida sem saber quem é o principal opressor, pressionada por todos, desvalorizada por alguns, frustrada pelos resultados obtidos em várias áreas da vida, decepcionada ou até deprimida.

— Mas essa pessoa que está bem pode aprender a não deixar a bola cair, a **manter-se** bem, que talvez seja tão difícil quanto ficar bem. Ou não?

— Sim, sem dúvidas. Bom, vou aprofundar a questão. As máquinas constantemente são atualizadas para receberem mais e mais informações a cada dia. Num passe de mágica, migramos da era analógica à digital em velocidade máxima. Enquanto isso, nenhum processo foi ou tem sido desenvolvido para atualizar o "HD do ser humano", que é a sua mente.

— E existe algum cuidado que se possa adotar para evitar conflitos entre o ser humano e a tecnologia disruptiva que surge a todo vapor?

— Boa pergunta. Mestre, primeiro vou dar um novo significado ao que você disse. Não existe um obrigatório ou inevitável conflito entre nós e o avanço tecnológico. O problema é outro: para justificar resultados que ficaram abaixo do que desejávamos, é comum inventarmos e alimentarmos esses conflitos. Para evitá-los, precisamos pensar na pessoa como um ser unificado, capaz de absorver novas informações e processá-las sem incompatibilidade.

— E de que jeito?

Foi a minha vez de refletir um instante para oferecer o detalhamento que o mestre exigia a cada questão. Tomei um gole de café e vasculhei a porção investigativa da mente para encontrar a resposta mais completa possível.

— Vamos comparar homem e tecnologia. O computador precisa compactar um arquivo grande para que os arquivos fiquem mais unificados, para que os espaços em branco e os espaços ocupados fiquem bem definidos. Do contrário, problemas diários surgem e aumentam até o ponto de paralisação total.

— E onde entra a atitude da pessoa nesse exemplo? O que ela pode fazer para ficar e manter-se bem?

— Descompactação. Precisamos aprender a lidar com o processo de desfragmentação, transformando em porções o conteúdo que recebemos sob o formato de bombardeio, vindo de todos os lugares. Devemos refletir sobre as melhores maneiras de gerenciar problemas e pressões. Feito isso, ao mesmo tempo, outra pergunta que esperamos responder com a obra é: como encontrar qualidade de vida sem abrir mão da produtividade e da prosperidade?

— Eu acho que, em meio a tudo isso, em algum momento seria interessante inserir o "X da questão" em áreas diversas da vida. Você está oferecendo um novo jeito de olhar a vida. Então, posso ajudá-lo, pois há anos eu e meus irmãos entendemos na prática tudo isso que você propõe.

— Vamos nesse caminho. Gostei da sugestão!

— Antes, vamos nos concentrar nesse *brainstorming* que está interessante. O que mais pode falar a respeito dessas tantas necessidades que recaíram sobre os ombros de todos?

— Mestre, precisamos, e com urgência, conhecer o nosso mundo interior, saber como e onde organizar as informações que envolvem nossos valores e comportamentos, nossas crenças, atitudes e preferências, percebendo o apelo emocional envolvido em cada situação.

— Qual seria o ganho dessa percepção mais... Como se diz mesmo?

— Expandida?

— É isso aí. Qual seria o ganho, o benefício reservado a quem consegue fazer esse mergulho expandido no autoconhecimento?

— O ganho imediato é a clareza que separa o joio do trigo: o que é importante e urgente, prioritário e indispensável conforme os valores e as crenças de cada um, de forma que se dê conta da humanidade em si, da noção de vida em sociedade e da real importância do bem coletivo para o bem individual. Dotados dessa clareza, deixamos de viver guiados por circunstâncias, sorte, azar ou acaso, e passamos a ter a vida que escolhemos ter. Entende?

O RESGATE DE TODOS OS TEMPOS

O mestre pensou um pouco, disparou-me aquele olhar de quem está prestes a dizer algo que vai fazer a gente refletir, e concluiu o que tinha em mente.

— Você acha que esse é o grande desafio da humanidade a ser enfrentado daqui em diante, quem sabe até por todos os tempos?

— Acho. Na verdade, esse desafio sempre esteve por aí desde que o homem aprendeu a viver de forma civilizada. A diferença é que a tecnologia nos forçou a procurar respostas mais profundas. Se um dia aceitamos viver no raso, isto é, apenas trabalhando, se alimentando e sendo minimamente felizes, no século XXI, aprendemos a importância de nos questionar, de encontrar respostas que preenchem os critérios da identidade e da personalidade. Em outras palavras, fomos convidados pela vida tecnológica a evoluir e não temos a opção de não aceitar. Ou aceitamos, ou somos dragados pela pressão desses quatro caras que sabem impor pressão como ninguém: a) metas e resultados positivos; b) boa e constante performance; c) sucesso pessoal e profissional; d) sonhos adormecidos esperando realização. Há mais uma porção deles, mas esses são os principais. O item "a" acabou com aquela coisa de mais ou menos. Hoje, precisamos de excelência em tudo para nos destacarmos. O item "b" revela a necessidade de estarmos atualizados para que essa constância seja possível. O "c" é uma premissa da vida que exige qualidade na relação entre o amor (em todos os sentidos) e o predatório mundo dos negócios. O "d" é aquela pulguinha que fica atrás da orelha exigindo que realize logo o que está orbitando a mente há anos ou décadas. Um exemplo claro é esta obra que ensaiei diversas vezes para compor, pensei em desistir, cheguei de fato a deixá-la de lado, mas a tal pulguinha que comentei acabou me trazendo de volta ao texto.

— Muito bom, pai. E esse tal sucesso na profissão que você comentou tem relação direta com dinheiro e riqueza, ou aquela ideia mais romântica de sucesso também vale?

— De certa forma pode ter, mas não necessariamente. Há pessoas que se felicitam e encontram sua jornada de carreira sem que tenham se tornado "ricas", pois o conceito de riqueza é relativo e interpretativo. Quantas pessoas financeiramente bem-sucedidas conhecemos que não conseguem vivenciar seu mundo interior ou não conseguem a felicidade em família? Enquanto isso, outras pessoas aprenderam a ser felizes em primeiro plano e por consequência natural, fazendo o que amam e amando o que fazem, o sucesso na profissão e o dinheiro acabaram chegando. Ou nem chegaram, mas aprenderam a amar e viver com pouco, assumindo um padrão de vida mais simples. Sabe o que mais nos falta nesse quesito?

— Talvez dedicação e comprometimento com o outro e conosco?

— Isso também. No entanto, refiro-me a algo de igual importância, um tema sobre o qual poucos pensam, a doação.

— De sangue? De uma parte do que ganhamos?

— Não, embora também seja importante. Refiro-me à doação de conteúdo. Você reparou que as redes sociais resgataram a palavra "compartilhamento" com uma força jamais vista? Prova clara disso é que essa expressão nunca foi tão repetida. É a faceta positiva da tecnologia, que consiste em aproximar ao máximo o ser humano. Às vezes, nos enclausuramos em determinadas atitudes mesquinhas, armazenando o que sabemos e, por isso, nos tornamos reféns de nós mesmos, deixamos de compartilhar pensamentos, ideias e soluções. Quanto mais tememos partilhar, mais desenvolvemos o medo de dizer o que estamos pensando ou o que somos capazes de fazer, dizer e criar. Isso explica por que algumas pessoas brilhantes estão escanteadas e estagnadas nas empresas. Muitas vezes, são profissionais que travaram na carreira porque acumularam conhecimento e experiência, mas se recusaram a passá-los adiante, a compartilhá-los. Tenho certeza de que aquele medo de compartilhar está por trás desse comportamento, mas o medo é um senhor dissimulado e tão sorrateiro que nesse caso faz uso de outra roupagem, como se a mente do profissional dissesse, lá em seu mais profundo íntimo: *"não compartilhe o que você aprendeu com seu esforço porque, se o fizer, vão te demitir e colocar o cara que aprendeu em seu lugar, pela metade da sua remuneração"*.

— Esse pensamento é meio *old school*, bem a cara dos anos 80 ou 90, não?

— O pensamento pode ser daquela época em que o profissional realmente tinha medo de perder a sua posição. Isso não quer dizer que nos dias atuais a pessoa travada pelo medo tenha deixado de existir.

Pelo contrário, as empresas estão cheias de pessoas que agem assim e que, não raro, acabam adoecendo.

— Fora dos negócios, num plano de visão mais pessoal, isso também existiria, pai?

— Não resta a menor dúvida. O que fazemos no trabalho é reflexo de como agimos e de quem somos em família ou com os amigos. Em alguns casos, a pessoa não consegue compartilhar nem o amor que sente, tampouco "como" se sente a respeito desta ou daquela situação. E assim, suprimindo o que sente, vai tocando seu cotidiano, aprisionando sentimentos e percepções, até que um dia acaba explodindo em demonstrações claras de irritação, tratando com desrespeito e desamor a todos que estão por perto, inclusive as pessoas que mais ama. Os egoístas e egocêntricos têm visões diferentes nesse sentido, mas isso é assunto para tratarmos alguns capítulos adiante. Por ora, quero que foquemos no bom exercício de compartilhar, para finalizarmos essa boa discussão.

— E, por acaso, como alguém pode ter certeza de que tem compartilhado o que pensa, o que é capaz, o que faz, o que sente etc.? Como medir? Qual é a régua para saber se tem feito isso?

— Gosto bastante das suas perguntas, mestre. A sensação de copo cheio é um bom termômetro para isso. Em alguma medida, todos nós já tivemos a sensação de que precisávamos falar, desabafar, ensinar, trazer algo à tona que fosse útil a alguém. Quando essa sensação está por perto, pode ter certeza de que o copo da pessoa está transbordando de conhecimento e precisa ser esvaziado.

— Ou terá "prisão de ideias" – disse, sorrindo.

— Como assim? – perguntei.

— Sabe a prisão de ventre? Se alguém tem algo a ensinar e retém para si, sem perceber acaba adoecendo com "prisão de ideias", com aquela sensação de estar cheia. Tá certo o meu pensamento?

— A maneira como você acaba de opinar é o que os filósofos gregos chamam de atitude filosófica, que significa um novo contexto para coisas e situações já conhecidas.

— Compreendi essa parte, pai. E o que você indicaria como bom recurso para o leitor praticar o compartilhamento das coisas?

— O primeiro passo é o desprendimento, a certeza de que, em termos de conhecimento e experiência, nada é meu ou seu no sentido de posse. Ainda que tenha criado algo que vá mudar o mundo, essa solução pertence ao amanhã, ao seu legado. Mesmo hoje, quase tudo o que temos e sabemos deriva de alguém, de outros povos que vieram e deixaram um legado substancial de conteúdo e vivência, sendo que no século XXI o ser humano tem a oportunidade de trabalhar em três tempos: aproveitando a sabedoria do **passado** para adaptá-la aos tempos tecnológicos do **presente** e dar o melhor de si em benefício do **futuro** de curto, médio e longo prazos.

— Sim, mas especificamente o que teria? Algum outro recurso a ser usado no compartilhar, no esvaziar-se dessa prisão das ideias?

— Vamos entender que a arte de compartilhar o saber e a troca aproxima o ser humano de todos os continentes, razão pela qual não faz sentido guardar dentro de você uma informação que poderia transformar seu semelhante. Inclusive, essa foi outra motivação para escrever a obra: quanto mais eu compartilho o que aprendi observando você, os demais de nossa família e todos os que encontro por aí no trabalho ou na vida, maior é a sensação de esvaziamento. Posso traçar uma metáfora sobre isso?

— Por que não? O livro é seu, pai.

— Imagine que as ideias que podem ajudar o mundo a pensar e agir melhor são como o feto. Nascem, procuram nutrientes na mente, para que possam evoluir da fase de óvulo fecundado à fase embrionária. Na vida real, se tudo der certo, cerca de quarenta semanas depois virá à luz o bebê. Assim precisam nascer as ideias, com tempo para que possam cumprir etapas, até que estejam amadurecidas para virem à luz. Quando finalmente nascem, precisam ser compartilhadas. Assim como nós criamos filhos para o mundo, a ideia de cada pessoa merece ser oferecida ao mundo sob a forma de compartilhamento.

— É uma interessante comparação.

— Fechando, mestre, devemos entender que compartilhar acertos é dar ao próximo a chance de evitar uma longa sequência de erros que porventura tenha cometido até acertar. Faz sentido pra você?

— Total. Não é por isso que vamos à faculdade aprender?

— Sim, e pense comigo, filho: convenhamos que, dotado de boa saúde mental, o cara não decide sair de casa disposto ao erro. Se errar é humano, acertar é super-humano, o que nos leva ao "X da questão", e uma pergunta surge daí. Não seria bastante razoável que o sujeito decidido a compartilhar acertos com o intuito de ajudar os que têm errado fosse classificado como um super-humano?

— Excelente, pai. Acho que podemos fechar seu capítulo por aqui. Foi um baita *brainstorming*, não?

— Pois é. Resta só uma última reflexão. Conviver consigo e ter a capacidade de aceitar frustrações ou erros próprios são questões que merecem atenção especial, pois compartilhar o erro também é uma maneira de instigar o acerto no outro. Todas as pessoas possuem alta capacidade de acertar e errar, compartilhar e ensinar, desde que não pratiquem a "coisificação" do ser humano.

Fiz uma rápida pausa que não passou batida.

— Tô sentindo que vem um "ou seja" por aí.

— Isso mesmo, filho. Ou seja, desde que não tenham o ego inflado que os torna ampliados e individuais a ponto de não conseguirem compartilhar, afastando-se do semelhante por imaginar que está em algum grau superior. Estamos todos "na horizontal dos relacionamentos".

— O que isso quer dizer?

— De imediato, que não existe cadeia hierárquica entre casais ou amizades e muitas relações se perdem por causa disso, um deles acaba tentando "mandar", "liderar" as decisões da relação. Vou dar um exemplo fora desse campo, porque o assunto vai longe. Quando há algum descaso com as políticas públicas de segurança, a sociedade se desestabiliza, gerando problemas econômicos que só se multiplicam. A teia social se torna um emaranhado que, em vez de organizar, só confunde. É nesse cenário que as empresas privadas como a nossa são contratadas em massa para que possam **compartilhar** a segurança que o Estado não tem conseguido. Percebe como tudo nessa vida passa pelo exercício diário do compartilhamento?

— Percebo sim. Agora acho que estamos prontos para virar a página. Vamos em frente?

— Vamos sim. Antes, vou pedir outro café e um lanche. Aliás, peça para você também alguma coisa para comer e controlar a glicemia. O que acabei de fazer com esse gesto?

— Compartilhou a lembrança de que devo comer em horários estabelecidos?

— É isso aí. Vamos compartilhar o próximo capítulo?

Bati no ombro do mestre com carinho, como a dizer "vamos lá" e fomos ao caixa da loja fazer o pedido. No aeroporto é assim mesmo, nada de garçom. A pessoa que levante o traseiro da cadeira e vá solicitar sua refeição.

Aquele dia vinha se mostrando uma oportunidade produtiva entre pai e filho, autor e mestre. Ele vinha fazendo provocações, instigando as respostas, e eu estava curtindo esse processo diferente de criar.

Quando estávamos terminando a refeição, nosso convidado chegou. Não estava atrasado, nós é que chegamos bem mais cedo. Conversamos bastante, esclarecemos as dúvidas e, mais uma vez, o mestre foi cirúrgico nas questões que fez.

Quanto ao resultado, está aí diante de seus olhos. De acordo com a analogia que usei, aos poucos a obra vai evoluindo da fase de simples divisão celular para óvulo, embrião e finalmente uma vida, uma junção de ideias que vêm à luz com o humilde propósito de também gerar luz para os caminhos de quem lê.

Adiante, eu e o mestre vamos entrar com força total no universo dos egoístas e egocêntricos que retratam o "X da questão" e abrem caminho rumo ao resgate de todos os tempos, para que consiga colocar em prática, possa se conhecer por dentro no sentido das próprias crenças, dos valores e comportamentos que carrega e, claro, que consiga também entender as outras pessoas para relacionar-se melhor, em vez de tentar mudá-las ou moldá-las à sua maneira, o que só resulta em conflitos.

Depois que nos despedimos de nosso convidado, voltamos ao carro com as orientações literárias a seguir. Assim que o cinto de segurança foi afivelado, o mestre fez a sugestão que nos levou ao próximo capítulo.

— Pai, vou falar por mim. Sempre que tenho um professor que admiro, procuro entender de onde ele veio, as influências que traz para a matéria que ensina, a forma com que se comunica e a maneira como vê a vida. Como você me orientou desde que comecei a estudar, entendendo esses detalhes fica mais fácil entender a matéria porque o professor é a ponte e posso compreendê-lo. Se eu entender o estilo didático e a maneira como ele se comunica, é meio caminho andado para aprender o que ensina. Não é assim?

— Sim. E aonde você quer chegar com essa abordagem?

— Quero sugerir que no próximo capítulo mostre quem é você, de onde veio, quem sabe até um pouco da infância, do trabalho, do problema na perna que fez você quase ser considerado inválido pelo INSS, da volta por cima, daquilo que você conquistou como empresário do setor de segurança, da Open Sat, a empresa que você estruturou, da nossa família. Enfim, acho que um resumo da sua história vai conectar mais o livro a seu leitor porque ele merece saber quem é a pessoa que está apresentando um novo jeito de ver a vida, quem está por trás do "X da questão", quem está propondo o resgate de todos os tempos.

Fiquei alguns segundos com o carro à meia-chave, antes de dar partida, em silêncio diante de argumentos tão convincentes. Só então respondi.

— Só tenho a agradecer, sem sequer um "a" para discordar. A sua visão está certinha!

Acelerei o carro e rumamos de volta a Petrópolis, mantendo um bom papo. Quando chegamos em casa, o próximo capítulo já estava desenhado na mente e, como toda a obra, veio à luz dentre as conversas com o mestre.

CAPÍTULO 2

2 O JOÃO DO PULO

Era uma manhã ensolarada de sábado, quinze dias depois do nosso primeiro *brainstorming* no aeroporto.

Seguimos com os compromissos do dia a dia. Tanto eu quanto o mestre estávamos de certo modo contando os minutos pelo retorno aos trabalhos da obra. Mas tínhamos cada qual suas demandas do cotidiano. Eu, uma empresa a gerir. Ele, os estudos a se aprofundar. Tudo a seu tempo, combinamos que durante aquele fim de semana daríamos andamento, e assim fizemos.

Sentados e confortáveis, contemplando a majestosa natureza de Petrópolis, voltamos a trabalhar.

— Mestre, desde que você sugeriu falar da minha história, gostei por causa do seu argumento sobre a conexão com o leitor, mas confesso que também me senti meio com o pé atrás, sabe? Vou tentar me concentrar somente naquilo que é importante para propor o "X da questão" e o resgate de todos os tempos, sem a megalomania de falar de mim só por falar, sem aquela tal "jornada do herói" porque não me identifico com isso.

Ele olhou para cima e, como já ficou claro, quando faz isso sempre vem algo novo.

— É simples, basta pedir licença.

— Como assim?

— Pai, quando vamos entrar em um lugar, por educação, dizemos "com licença". Faça o mesmo. Você é o idealizador do "X da questão", então peça licença para falar de si porque você e o processo se misturam numa coisa só.

— Mas eu não idealizei nada. Isso tudo sempre esteve aí, desde os tempos em que Jesus Cristo caminhou pela Terra. Só estou mostrando o que talvez alguns de nós não estamos conseguindo ver por diversas razões que espero mostrar.

— Então, peça licença para isso. Como pediria se fosse fazer?

— Talvez assim: *"antes de entrar no conteúdo propriamente dito, peço a sua permissão para usar algumas linhas e expor um pouco da minha infância e adolescência, o que vi e aprendi, os enfrentamentos, a cura. Faço assim porque a despretensiosa proposta da obra não nasceu em berços acadêmicos. A proposta deriva do convívio com meu semelhante e do exercício observacional, como há de ficar bem evidenciado"*. O que acha, mestre?

— Acho perfeito. Está dito. Eu conheço bem a sua história e tenho o maior orgulho. De repente, posso sugerir esse caminho das suas lembranças. Afinal, já me contou tudo. Só preciso tomar cuidado porque, se eu comentar demais, vou me tornar um spoiler vivo do "X da questão" e o legal desse processo é ir descobrindo as coisas sozinho, explorando o autoconhecimento, assim como fiz quando aprendi.

— Nem consigo mais contar as tantas ocasiões que dividi com a nossa família o meu jeito de contemplar a vida e entender o ser humano. Aliás, arrisco dizer que esta obra teve início no dia que escutei de você, meu orientador, algo que me colocou em movimento.

— E o que eu disse que te motivou? Disso eu não me lembro.

— Você perguntou assim: *"pai, por que você não transforma tudo isso em uma história?"* A sua pergunta mexeu comigo e cá estamos. Desde criança, você é assim. Um sábio mestre que sempre surge com uma sacada, um pensamento para complementar, um puxão de orelha, uma orientação.

Ele agradeceu pelas palavras, me deu um abraço e logo voltou sua atenção para o que estávamos a criar.

— O que pensou em dizer, por onde começar?

— No primeiro momento, comecei a escrever sobre as minhas memórias, onde nasci, a infância, os obstáculos. O que acha?

Levei uma bronca do meu orientador.

— Como a gente nasceu ou o que fez nos primeiros passos raramente vai interessar a alguém. Percebo que, em contato com o "X da questão", ao longo da vida a gente vai se descobrindo, se reconstruindo, e isso sim interessa porque as escolhas que adotamos para evoluir, essas sim podem interessar e inspirar alguém.

O mestre sempre teve esse jeitão de ver as mesmas coisas por um ângulo diferente.

— Então assim será feito, compro seu argumento e sua ideia.

— Fechou. Conte o que puder para mim e para seu leitor. Sabe por quê?

— Estou curioso para entender o que está pensando.

— Porque conversando comigo você fica mais leve, dá sua opinião e expõe o resgate de todos os tempos sem aquela pressão de ter que escrever de uma forma que se faça compreender, que seja agradável, que isto e aquilo. Contando pra mim, você vai fazendo com naturalidade. A começar, como vê essa mudança de apresentação? O seu livro será um dos poucos, senão o único, que traz uma longa troca de ideias entre pai e filho.

Os argumentos eram bons demais para que eu sequer tentasse discordar. Entrei na onda dele e resolvi que faríamos assim.

— O resultado dessa mudança de direção é que o livro nas mãos da pessoa ou na tela diante dos olhos terá sido criado de um jeito bem diferente, guiado pelo amor que sentimos, afinal o amor é um dos temas do "X da questão", bem como os relacionamentos.

— Ou seja, se a melhor gasolina deixa o carro melhor, o melhor sentimento vai deixar seu livro melhor – concluiu o mestre.

— Sim. E a essa altura, podemos chamar de "nosso" livro.

— Não, pai, o resgate de todos os tempos é um legado seu. Um dia, terei o meu. Só estou dando uma força. E com base no que conversamos, o que acha mais importante para começarmos?

Só precisei de alguns instantes para refletir e responder.

— Visitando a profundidade daquilo que eu acredito, começo a refletir sobre algo que merece atenção, o dia em que nascemos, por sinal um dos mais importantes da existência humana. No meu caso, 6 de janeiro, data bem conhecida pelos cristãos do mundo inteiro.

— Fala um pouco do vô, então.

— Bom, você sabe que sou filho de um homem bruto. Nasci em um dos locais mais agrestes que se possa imaginar do sertão nordestino, Jacobina, a 339 km de Salvador, um lugar de "homens de pouca conversa" que ficou conhecido como a cidade do ouro por seus minérios explorados pelos bandeirantes e pela coroa portuguesa.

— No hospital, assim como eu?

— Que nada! O parto não teve assistência hospitalar, era tempo de parteira mesmo, tudo muito natural. Costumo brincar e dizer que fui o caçula de uma "ninhada" de onze irmãos. O seu avô, homem pouco alfabetizado e por outro lado, de uma inteligência instintiva raríssima, teve uma ideia ao estilo dele. Aliás, foi ele o primeiro coach da minha vida, um cara que fez total diferença. Para quem perguntava sobre a origem ou a ideia do meu nome, ele tinha uma resposta prontinha e certeira.

— E qual era?

— Dizia ele: *"O Cesar nasceu no dia de reis. Então, dei a ele um nome grande, de rei"*.

— Errado o vô não tava.

— Pois é. Fui batizado como Cesar Magno, mas aparentemente os meninos discordaram daquela que foi, digamos assim, uma "ideia real" de meu pai e só me chamavam de *Cesar Magro*, numa clara alusão ao meu pouco peso.

Ele riu e, mostrando a mão num gesto silencioso que significava "espere um pouquinho", deu aquela olhada para cima típica de quando tem uma grande ideia. Segundos depois, disse o que tinha refletido.

— Desse ponto do Cesar Magro em diante, como eu conheço boa parte da sua história, acho que já posso sugerir que conte para seu leitor daquela tropeçada que mudou sua vida.

A verdade é que o mestre não estava exagerando, nem de longe. Realmente, alguns segundos mudaram todo o curso do futuro. Tratei de responder.

— Logo cedo, filho, precisamente aos três anos de idade, teve esse evento que, como você sabe, transformou minha trajetória de vida. Voltando da casa de uma tia, trupiquei em uma pedra pequena, não muito maior do que uma tampa de garrafa, mas grande o suficiente para causar estrago, pois com a queda quebrei a perna à altura do tornozelo.

— Tipo aquele poema do Drummond, pai?

— Qual?

— Aquele que diz: *"no meio do caminho tinha uma pedra, tinha uma pedra no meio do caminho"*.

— Mais ou menos isso.

— E como reagiu? Levantou, sacudiu a poeira e bola pra frente?

— Não, nada disso. Eu caí no choro. No primeiro momento, minha mãe relatou ter pensado que o choro era dengo de caçula, mas logo percebeu que o negócio era mais sério.

— Foi aí que surgiram os "se's"?

— Isso mesmo. Se o evento da queda tivesse ocorrido em uma grande capital, se não estivéssemos no extremo norte baiano, se a medicina de ponta fosse praticada, se não fosse o ano de 1970 e outros se's, eu deveria ter sido submetido a um delicado processo cirúrgico. Em vez disso, a equipe médica da região decidiu por uma rudimentar calcificação do osso. Conforme fui crescendo, o osso foi no caminho contrário, descalcificando, crescendo sobreposto em dois ramais, tal qual um dente que nasce encavalado, fazendo o osso irregular gerar inchaços constantes e desagradáveis.

— E os meus tios?

— Naquele tempo faziam-se muitos filhos para ajudarem na lida e, como disse, lá em casa éramos onze.

Repito: onze. Aos três anos, eu já montava no burrico para transportar o leite e dar uma força para meu pai, que lidava com gado de leite. Com o problema na perna, movimentos simples se tornavam cada vez mais difíceis e não demorou para o simples caminhar ficar quase inviável.

— O Baixinho é dessa época, né?

— É um fato interessante para recordar. Nesse tempo em que carregava leite, o percurso consistia em cerca de 20 km do posto de coleta ao ponto de entrega. Se eu levasse 100 litros de leite, precisava trazer o "vale" assinado correspondente à mesma quantidade e vale chamar a atenção para a naturalidade da coisa: levou 100, entrega 100, simples assim. Certa vez, enfrentei uma tempestade pelo caminho, com trovoadas e relâmpagos que faziam o dia parecer noite, sem contar a temperatura que desabou. Quando cheguei ao destino, estava desacordado, quase congelando de frio. As pessoas precisaram me colocar perto do fogão à lenha para que recobrasse os sentidos, já que mal conseguia falar.

— Quem estiver lendo, pode até pensar que o vô era cruel.

— Era o costume. Meu pai aprendeu com seu bisavô que filho bom deveria trabalhar desde cedo, então só normalizou o que se fazia naquela época. Não havia crueldade alguma.

— É aí que entra o Baixinho?

— É sim. Para cumprir esse trecho, eu cavalgava o nosso jumento preto que batizamos de "Baixinho". Saía sempre do posto de coleta com os dois cestos de 50 litros carregados e, se tudo corresse bem, 20 km depois estaria diante do posto de entrega. Acontece que o Baixinho era danado de teimoso. Às vezes, no meio do caminho, agia como todo jumento costuma fazer, aquele comportamento que em cada parte do Brasil tem um nome: amuava, travava, empacava, estacava, teimava, emburrava.

Ele riu outra vez.

— Caramba, pai. Toda vez que eu escuto essa história não resisto. Fico imaginando a cena e caio na risada. Continue, por favor.

— O problema é que, ao empacar, Baixinho costumava deitar-se de lado, desajustando a alça da carga de leite. Aos três anos de idade, claro, eu não teria força suficiente para ajeitar a carga, nem para manusear aquele peso. O jeito foi improvisar uma técnica criativa. Eu dava beliscões nas patas dianteiras do Baixinho, bem onde ele tinha uma marca meio amarelada que parecia uma cruz. O tinhoso jumento se irritava e tentava me morder, mas resolvia o problema porque o esforço e o tranco que Baixinho dava para tentar me morder acabavam ajustando a alça, evitando que o precioso leite derramasse e que eu precisasse pegar o peso.

— Não era exatamente um maltrato no bicho, certo?

— Mestre, você sabe que eu amo os animais. Ali, eu precisava de uma estratégia e essa era a única. O beliscão de uma criança de três anos é quase nada, acho que ele sentia mesmo eram cócegas.

— E ainda tinha o cachorro, qual era mesmo o nome?

— É verdade. Naquele tempo, quem é que não teve um vira-lata companheirão da infância? O meu leal amigo dessas viagens era Lobinho, vira-lata inesquecível que marcou minha infância. Lobinho sempre dava umas latidas bravas com Baixinho quando o outro empacava, um montão de au, au, au que parecia soar como:

— *Pô, tenha dó do garoto, rapá. Levanta logo que a gente precisa trabalhar!*

Tomei um gole de suco enquanto ele se recompunha das risadas, e continuei.

— Dos três anos até o tempo em que meu pai faleceu, quando eu tinha mais ou menos oito ou nove anos, tive muita dificuldade para andar.

— Efeito do tombo gerado pela pedra de Drummond, certo?

— Sim, por causa da pedra. Porém, o Drummond é por sua conta.

— Ahahahah, e mesmo assim o vô pedia para você levar o leite?

— Olha, o que mais me marcou no período da infância em relação ao pai foi ver que ele não hesitava ao me pedir as coisas, não perguntava, nem sequer cogitava se eu seria ou não capaz de realizar por causa do problema na perna. Só pedia e ponto-final, confiando que eu daria conta do recado. Educado dessa maneira, cresci retribuindo sem jamais perguntar a meu pai se eu conseguiria ou não fazer isto ou aquilo. Não passava pela minha cabeça que não conseguiria realizar alguma tarefa porque, se ele acreditava em mim, eu também deveria acreditar e pronto. Com o tempo, tudo passou a ser natural.

— Pai, agora que consegui parar de rir do Baixinho, vou falar sério. Eu me lembro de ouvir você dizer que essa atitude do vô moldou seu jeito de enxergar as coisas, principalmente no trabalho.

— Pode parecer pouco, mas o fato é que no futuro de muitos anos à frente, especialmente no quesito empresarial, tudo o que as pessoas apresentavam como difícil, impossível, inconcebível ou inexecutável, a nossa empresa realizava de maneira natural. Não porque eu me achasse melhor do que outro empresário qualquer do ramo, mas a cultura de fazer o melhor possível com simplicidade e sem questionar, algo que aprendi com seu avô, passou a ser uma crença positiva que recomendo a você e a todos os jovens.

— E só pra ficar claro, o vô era um cara especial, né?

— Se meu pai um dia disse algo negativo para mim, não me recordo. Foi um homem que nada sabia do conhecimento acadêmico, mas era dotado de uma sabedoria na área de relacionamentos que nenhuma faculdade poderia ensinar. Quem vem de família grande bem sabe que os irmãos mais velhos vão cuidando dos mais novos e conosco não foi diferente. Dentre os 11, desenvolvi grande afeição por minha irmã, que cuidou de mim em um nível de carinho que foi quase uma espécie de "adoção".

— Por isso eu me dou tão bem com a tia.

— Pra você ter uma ideia, nos tempos de férias, por exemplo, se uma parte dos irmãos fosse passar o período na casa de um tio e eu não estivesse na lista dos que iriam, ela se recusava a ir. Em contrapartida, se ela estivesse na lista e eu não, fazia meus protestos. Recordo-me até de uma ocasião em que entrei na frente do carro de meu tio para exigir o que em minha cabeça de criança era "o meu direito". E deu certo, acabei convencendo a turma.

— Foi ela a heroína do seu problema na perna causado por Drummond, não foi?

Foi a minha vez de rir.

— Que causado por Drummond nada, filho. Está insistindo no poeta?

— Só pra quebrar o gelo. É que estava me referindo à pedra no meio do caminho.

— Foi sim. Um dia, a sua tia Lourdes se casou e foi morar no Rio de Janeiro. À época, eu estava com 13 anos e o problema na perna perdurava. Ela viu uma possibilidade e lançou no ar: *"E se o Cesar viesse conosco fazer tratamento no Rio de Janeiro, será que voltaria a andar sem dificuldades"*?

— Deve ter sido muito difícil. Não posso nem dizer que imagino.

— Passei meia década dentro do hospital entre idas e vindas, filho. Foram cirurgias, preparações e recuperações que resultaram em oito procedimentos cirúrgicos e, no meio do caminho, desenvolvi osteomielite*.

— Quando estava morando com a tia Lourdes, isso começou a mudar?

— Tive total apoio dela. Aos 16 anos e enfrentando a sétima cirurgia, o médico deu à minha irmã um *feedback* pra lá de indigesto: *"como você está cuidando do seu irmão, preciso dizer que vou preparar um laudo para submeter o Cesar ao INSS. Vamos ver se conseguimos que o Governo aceite a invalidez permanente porque não há futuro para seu irmão, e ele não tem como se recuperar".*

* Inflamação do osso causada por infecções bacterianas que podem alcançar a corrente sanguínea e os tecidos próximos.

O RESGATE DE TODOS OS TEMPOS

— Uau!

— E não parou por aí. Aos 17, a infecção havia subido sem trégua do tornozelo ao joelho numa proporção tão agressiva que o osso, não há outra palavra que defina, estava se decompondo, incapaz de segurar um acessório metálico ou um sistema de platina, por exemplo. A essa altura, minha irmã já tinha sido convencida pelos médicos a assinar a papelada necessária para amputar a minha perna.

— O que os médicos esperavam com essa amputação? Pensavam que você melhoraria? De que forma um membro amputado pode ser a melhor opção? Isso não entra na minha cabeça de leigo, pai.

— Os médicos supunham que, a partir da amputação, talvez eu tivesse ao menos uma sobrevida menos dolorosa. Veja, não quero que o leitor talvez pense que estou me queixando, é justamente o contrário. Tudo o que aconteceu em minha vida veio e foi para o bem. Não fosse a pedra no caminho, eu não teria razões para validar um livro destinado a ajudar as pessoas, não existiria "o X da questão", não haveria base para propor o resgate de todos os tempos, não teríamos estruturado a Open Sat Soluções em Segurança, essa nossa empresa que é referência na área. E só Deus sabe o que mais não seríamos, nem teríamos...

— Faz sentido. Aliás, nem parece com seu perfil esse negócio de dó, lamentação. Eu sei que está narrando para inspirar os outros. O que fez o médico mudar de ideia e não amputar sua perna?

— Essa cena está detalhadamente gravada para sempre em minhas memórias. Os membros da equipe cirúrgica vestidos de azul caminhando pelos corredores como se estivessem em uma espécie de marcha militar. Dentre eles, o Dr. Walter Maia, médico que me acompanhou e acolheu durante o tratamento e as cirurgias, tratando-me como se fosse de sua família, com um carinho e um respeito dignos de meu eterno agradecimento. Na maca, prestes a adentrar uma sala de onde sairia sem uma das pernas (se tudo corresse bem), lembro-me de ter colocado a mão no ombro direito do médico. Os enfermeiros que empurravam a maca tiveram a sensibilidade de parar um momento porque perceberam que eu queria falar algo. Por um breve instante, foi como se o tempo tivesse parado e, mesmo agora, tantos anos depois, ainda fico arrepiado ao lembrar da cena em que olhei bem fundo nos olhos de Dr. Walter. O silêncio durou alguns segundos e, quando foi quebrado, eu disse para o médico algo que deve ter feito toda a diferença:

"Fique tranquilo, vai dar tudo certo!".

— Você estava convencido disso ou só disse para desabafar e dar uma acalmada na situação pesada?

— A equipe inteira olhou para o médico quando eu disse que tudo daria certo. O olhar geral mostrava que nenhum dos enfermeiros entendia tamanho otimismo, pois em alguns minutos extrairiam a perna de um garoto que tinha apenas 17 anos de idade. É o tipo de cirurgia que já começa dando errado mesmo se tudo acabar bem, porque o resultado já é esperado: amputação.

— Foram quantas horas desse tormento?

— Entrei na sala de cirurgia às 7h e, às 13h, fui transferido para o pós-operatório com as duas pernas, sem amputação alguma.

— O que disseram à tia Lourdes?

— A sua tia Lourdes estava esperando com apreensão até que o médico a encontrou e decretou: *"terminamos a cirurgia, correu tudo bem e não foi preciso retirar a perna do Cesar".*

O mestre ficou pensativo, procurando entender, e disparou.

— A esta altura imagino que já estava pensando em como seria a sua vida com uma perna só. O que faria, como ia se virar, essas coisas. Ou não?

— Posso dizer com muita segurança que foi uma virada de chave em minha vida, uma experiência que abriu caminho para o resgate de todos os tempos porque, numa hora dessas, a gente acaba pensando sobre tudo. Eu ainda não sabia como seria meu futuro e, no fim das contas, ganhei uma nova perspectiva. Acho que a empatia que eu sentia pelas pessoas representou boa parte do tratamento e da respectiva cura que viria em seguida. Outra parte (a principal) coube ao trabalho excepcional do Dr. Walter e sua equipe, além da boa energia que recebi da família, especialmente de minha irmã Lourdes. As palavras do cirurgião no pós-operatório ainda ecoam em minha mente.

— E quais foram?

— Ele disse: *"Cesar, a gente resolveu fazer uma última tentativa cirúrgica para dar mais uma chance à sua perna. Agora, vamos ver a evolução".*

— Daí ficou um bom tempo no hospital se recuperando?

— Durante os dias que sucederam a cirurgia, eu fazia a recuperação circulando pra lá e pra cá com a cadeira de rodas no espaço do hospital. Tinha uma boa relação com os médicos, enfermeiros e pacientes, e isso foi determinante para a recuperação. O fato é que a cirurgia foi, digamos assim, o ato final de uma longa história, pois foram anos de hospital indo e vindo, lidando com tratamentos e tentativas. Com isso, tornei-me amigo das freiras e dos médicos daquele hospital de administração religiosa. Fazia amizade com os pacientes, sabia quem chegava, quem tinha alta, conhecia a evolução do quadro de cada um e passava bom tempo trocando boas conversas com aqueles, que assim como eu, estavam ali procurando uma cura, um fio de esperança. Não vi, nem percebi a dureza desses anos, porque passava a maior parte do meu tempo de leito em leito dando um bom-dia, tentando motivar o desmotivado, procurando ajudar as freiras a convencerem o paciente mais teimoso a comer, organizando os parabéns em pequenas festas para os aniversariantes internados. Enfim, ajudava até a zelar pelo almoxarifado, pois as irmãs confiavam a chave a meus cuidados. E nisso tudo, o que eu mais acreditava, o que mais me motivava era um pensamento de gratidão, um sonho que alimentei com a chance de retomar a vida.

— Um sonho que se concretizou?

— Sim, filho. Era assim: *"quando eu sair daqui, quem será a pessoa que terá a sorte de ter-me ao seu lado? O que eu puder fazer por ela, será feito"*. Era por esse caminho que a mente funcionava. O que eu sentia era um desejo verdadeiro de retribuir e gerar um mínimo de felicidade a meu próximo, de fazer por alguém o que tanta gente carinhosa vinha fazendo por mim durante aqueles anos de enfrentamentos e rotina hospitalar. Sentia que precisava deixar logo o hospital porque pretendia ajudar muita gente e o tempo estava correndo. Sentia que cada dia em tratamento era menos um dia a ajudar alguém a entender alguém. Uma espécie de ânsia em ser útil, você entende?

— Entendo e até queria fazer uma pergunta sobre essa ânsia de ajudar. Por acaso teria relação com o livro que estamos formatando e com o "X da questão"?

— Total. Eu não sabia, mas o conteúdo desta obra estava em fase embrionária naquele exato momento e por todo o tratamento. Afinal, observar as pessoas era o que eu mais tinha a oportunidade de fazer.

— E se sua mente estava concentrada em ajudar, como estava seu corpo? Recuperou-se bem da cirurgia?

— Foram os últimos quatro meses de muleta da minha vida. Sua outra tia, Natalia, deu mais uma força para me integrar definitivamente ao papel de cidadão. Ela trabalhava em uma loja de roupas e o jogador Zico era proprietário de uma loja de artigos esportivos vizinha ao comércio que empregava a sua tia, na Tijuca. Com uma indicação dela, fui trabalhar para o jogador como *office boy* da loja.

— É o Zico da seleção, que tem a fama de ser um dos maiores batedores de falta do Flamengo?

— O próprio, um dos ícones. Quando Zico aparecia por lá era uma loucura, um tumulto, polícia fechando a rua, gente querendo autógrafo, se espremendo para ver o ídolo, reforço na segurança, jornalista tentando uma exclusiva e, claro, clientes da loja batalhando um autógrafo direto da fonte, ocasiões em que não sobrava uma camisa 10 na loja. Fiquei pouco tempo trabalhando lá porque surgiu uma oportunidade melhor.

— Melhor do que trabalhar com um ídolo?

— Mestre, lembre-se sempre disto: no campo da carreira, o mais importante é a gente fazer o que ama e amar o que faz. Não importa quem é o patrão porque o que importa mesmo é aquilo que a gente entrega, a nossa performance e o alinhamento de valores. Ou seja, seus valores mais importantes, tanto os que eu e a Jô ensinamos quanto aqueles que aprendeu por instinto, devem ser alinhados aos valores da empresa. A loja era legal de se trabalhar, mas eu queria algo diferente, queria crescer. A loja em que sua tia Natalia trabalhava pertencia a uma mulher cujo esposo era vice-presidente da empresa Minasgás. Outra vez ela, sua tia, intercedeu ao perceber que poderia arranjar um emprego em que eu tivesse mais oportunidades de carreira e pediu que essa esposa falasse de mim para o marido. Ela relata que disse assim: *"Meu irmão trabalha na loja vizinha, mas sabe como é, né? Ele está batalhando por um emprego melhor. Entretanto, não sobra nem tempo para procurar".*

— Era exagero da parte da tia? Ou o tempo era curto mesmo?

— Vivia num aperto danado de grana e de tempo. Como o médico dizia que eu precisava me exercitar, me ocupei daquilo que é mais precioso a quem correu o risco de não ter uma das pernas: caminhar. Reuni duas necessidades. Acordava mais cedo para caminhar os 10 km de distância até o emprego, economizando o dinheiro do ônibus e praticando "a fisioterapia grátis", pois a fisioterapia convencional era um complemento da recuperação fora da realidade de um *office boy* que estudava e ajudava a família. Para complementar a improvisada fisioterapia da caminhada, acelerava a atividade física pulando corda, a contragosto do Dr. Walter Maia, que dizia, brincando, durante as consultas de retorno: *"Caminhando mais do que deveria e pulando corda até correr o risco de se lesionar? Vou ter que engessar suas duas pernas"*.

O mestre não resistiu e sorriu outra vez.

— Essa nem foi a frase mais marcante do Dr. Walter. Outra citação dele ficou gravada nas profundezas da minha mente. Ele dizia: *"Em sua vida, Cesar, se existe uma certeza é que você vai ter que se acostumar com a dor porque ela provavelmente nunca vai te deixar".*

— Aí sim exagerou um pouco, imagino.

— Não exagerou, profetizou. Você talvez não se lembre, mas já me viu falando de dor aqui e acolá. Ainda hoje, se houver uma mudança brusca de temperatura, essa dor me visita, trazendo de volta a previsão do sábio médico. O que você jamais me viu fazer foi reclamar. Eu só falo dela porque existe, mas sou grato porque essa dor me lembra que poderia ter uma só perna.

— Ah, é verdade, agora me lembro de ouvi-lo falar dessa dor.

— Filho, onde eu tinha parado mesmo na questão do emprego?

— Na Minasgás.

— Isso. De volta ao relato, entrei na Minasgás como *office boy*, com um salário um pouco melhor e boas perspectivas de crescimento. Não demorou e ganhei o apelido de "João do Pulo", numa comparação com o atleta por conta da rapidez com que cumpria as tarefas.

— Que tarefas eram essas?

— Bom, pra começar, essa correria não era opcional, nem força de expressão. Precisava correr de verdade. Antes de você nascer, houve o tempo da inflação galopante, do *overnight*, dos produtos e serviços que custavam um preço na primeira hora e o dobro ou o triplo no fim do expediente. Cientes disso e de olho na movimentação do mercado, grandes empresas seguravam seus pagamentos até o último instante possível e se compensasse realizar naquele dia, destacavam o mais rápido *office boy* para a missão de chegar à instituição financeira nos últimos minutos. Foi aí que virei o tal João do Pulo.

— Pai, o cara que quase ficou sem uma perna tinha virado o João do Pulo?

— Nem tinha pensado nisso, veja como são as coisas. Eu estava feliz por viver aquela oportunidade. E você tem razão, um ano antes quase fiquei sem uma perna, quase tive a invalidez decretada pelo Governo Federal e agora era considerado uma espécie de velocista dentre os boys da empresa. Restando sessenta ou em alguns casos, até trinta minutos para fechar o expediente bancário, chegava a relação dos trabalhos. Muitas vezes, vinha mais de uma dezena de duplicatas que deveriam ser pagas em diferentes bancos. Se algum boy um dia voltou com duplicatas que não deu conta de pagar no horário, esse sujeito nunca fui eu.

— Bate com aquele aprendizado do vô.

— Pois é, lembra que eu comentei sobre seu avô ter sido o meu primeiro *coach*, o homem que esperava tarefas cumpridas com naturalidade? Lição aprendida e aplicada.

— O apelido de João do Pulo pegou?

— Ô, se pegou. Lembro-me do trajeto que ia do terceiro andar até alcançar a rua. Como a perna já estava boa, eu não pulava somente de dois em dois degraus. Em vez disso, saltava cada lance da escada em caracol e, instantes depois, estava na rua.

— E saberia explicar o que motivava você nessa época?

— Sei lá se agia assim para provar que estava recuperado ou para ser o mais eficiente possível, honrando o trabalho que a sua tia Natalia batalhou para conseguir uma indicação. De todo modo, queria dar o melhor de mim. Por consequência, me tornei o melhor do setor e como benefício, de tanto exercitar o corre-corre, a perna ficava cada vez mais forte e saudável. Dois coelhos, uma cajadada.

— Coitado do coelho, quem terá inventado esse ditado? – indignou o mestre.

— Fazer o quê? Antigamente, era comum a carne de caça e os coelhos faziam parte desse, digamos assim, cardápio. Bem, coelhos à parte, devo confessar: para um carinha que carregava litros e litros de leite por 20 km aos três anos de idade, pela minha perspectiva tanto na loja do Zico quanto na empresa Minasgás, os trabalhos eram "moleza".

— E a perna?

— Cada vez melhor. Com a fama de João do Pulo, Flecha e outros apelidos que foram se consolidando, em oito meses alçaram-me a chefe de expedição e líder dos demais *office boys*, minha primeira experiência à frente de pessoas.

O mestre fez aquele seu conhecido gesto de parar o diálogo e olhar para cima. Desta vez, parecia às voltas com a tentativa de calcular algo, pois reparei que batia os dedos uns nos outros, como se estivesse somando.

— Fazendo contas?

— Estava aqui pensando, pai. Foi nesse tempo que conheceu minha mãe?

— Quase. Nessa parte do relato eu ainda era mais meninão. Cinco anos mais tarde, subia velozmente na carreira e, enquanto cursava o último período da faculdade de Letras, conheci a Jô, aquela que seria a minha esposa em meu 26º aniversário.

— Essa eu conheço muito bem – disse meu filho, fazendo graça.

— A mãe dos nossos tesouros. Nesse período, filho, chegava a hora de sair da Minasgás, sentia que precisava procurar algo que me permitisse fazer coisas novas, oferecer uma contribuição maior. Fui aprovado numa entrevista para o Instituto Rui Barbosa, pensava em talvez me tornar um dia, quem sabe, alguém que contribuísse com a gramática, tal qual o Celso Cunha. Estava redondamente enganado em relação ao futuro e os meus caminhos seriam bem diferentes, mas naquele tempo era o que ingenuamente imaginava.

— Conheceu a família do Rui Barbosa, pai?

— Sinto que fui estimulado pelo contato com a família dele e pela proximidade com as autoridades do setor cultural que conheci, a exemplo de Adriano da Gama Cury, Plinio Doyle da Silva, dentre outros.

E naqueles dias, pensava em atuar na área intelectual. Tive até o prazer de colaborar no clássico livro *Obras completas de Rui Barbosa*, além da oportunidade de trabalhar ao lado da neta de Rui, que me convidou para cumprir um estágio. Quando cheguei em casa e comentei que deixara o emprego como chefe de seção de uma corporação do setor GLP para ser estagiário do setor cultural, minha irmã ficou estarrecida. Ainda me lembro da conversa.

— Antes de continuar, o que é GLP?

— É gás liquefeito de petróleo, como o botijão de cozinha.

— Ah, sim. Tinha ouvido a sigla em algum lugar. Continue, pai. O que a tia Lourdes disse ao saber da mudança?

— Disse assim: *"Espere aí. Você se desligou da Minasgás e fez uma entrevista. Mas será que vão te chamar? E se escolherem outro candidato?"*

— O que respondeu?

— Respondi com três palavras muito convictas: "Eles vão chamar".

— Então, aquele seu jeitão de acreditar com uma certeza forte vem desde esse tempo.

— Acho que sim. A certeza indefectível de que as coisas acontecem, algo que espero abordar quando entrarmos com mais profundidade no resgate de todos os tempos. Essa convicção sempre esteve comigo em todos os aspectos, lugares ou circunstâncias, tanto ao olhar para a própria vida quanto ao estender a mão a alguém que está passando por um problema. Ao longo da obra, espero mostrar como se dotar da convicção de que as coisas vão dar certo, desde que tenha feito a sua parte e dado seu melhor diante do objetivo.

— Sim, acho que eu estava certo quando fiz a sugestão. Foi realmente importantíssimo mostrar quem você é, dar ao leitor uma ideia de como foi sua vida da infância à fase adulta, até porque essas suas experiências têm total conexão com o que propõe no "X da questão", que é a ferramenta central do resgate de todos os tempos. Minha mãe teve participação no surgimento disso tudo?

— Todos que propõem algo, seja uma música ou uma nova maneira de contemplar a vida, têm uma musa a inspirar. Foi Jô quem ajudou a ver a vida com mais abrangência, a olhar o mundo e as pessoas de maneira diferente, observando o olhar, as preferências, os movimentos corporais, a escolha da roupa, o caminhar e outros tantos detalhes. Mas isso é assunto a ser apresentado adiante.

— Está pronto para entrarmos no "X da questão"?

— Sim, permita-me só falar um pouco mais de Jô, para o leitor conhecê-la. Em seguida, abrimos o próximo capítulo já aprofundando o resgate de todos os tempos. Foi sua mãe que ajudou a brotar em mim o conceito-chave do resgate de todos os tempos: a necessidade de acolher, entender, apoiar e ter empatia pelas pessoas. Logo que começamos, a nossa relação me levou a fazer o maior dos questionamentos.

— E qual foi?

— Eu me vi pensando: *"como eu e a Jô vamos dar certo, se temos gostos, cultura e vidas totalmente diferentes?"*.

— Teve outras namoradas antes da mãe?

— Até conhecê-la, eu só tive uma experiência mais séria. Antes de Jô, namorei uma garota cujo pai era diretor de uma renomada instituição financeira, e queria ver a filha com alguém que tivesse o mesmo potencial financeiro dele, que não era meu caso. O comportamento desse pai foi um passaporte para que eu me sentisse, pela primeira vez na vida, meio diminuído. Por outro lado, foi um desenho animado do Pica-Pau que me impulsionou a virar o jogo para olhar a vida de forma positiva outra vez, como se o personagem tivesse batido na árvore da minha vida.

— Pica-Pau? Aí seu leitor pode pensar "o autor não regula bem".

— Calma que eu explico, mestre. O desenho animado do Pica-Pau fez toda a diferença em minha infância e adolescência, enquanto navegava com o barco da vida pelos diversos portos da medicina, buscando cura.

— Gostei desse jeito poético de mencionar as visitas ao hospital.

— É que falamos da sua mãe, então a inspiração aumenta.

Nós dois sorrimos do momento descontraído de nosso trabalho.

— Como eu dizia, tem um episódio em que o trem passa por cima do Pica-Pau e o deixa esticado, fininho como papel sob o mesmo formato dos trilhos. Em seguida, Pica-Pau se levanta, se infla outra vez e sai andando como se nada tivesse acontecido. Uma coisa boba, simples e lúdica. O fato é que o episódio inspirou aqueles dias de incerteza quanto a meu futuro. A animação me fez entender que o ser humano também possui essa característica, que é capaz de ser esticado ao máximo diante das pressões que vivencia e, quando não suporta mais, é capaz de ter resiliência, de "engrossar o couro", se inflar de coragem e sair andando para o próximo enfrentamento. Ou pode optar por encolher-se, evitando a vida. É comum ver a pessoa nessa situação quando ela dorme em posição fetal, por exemplo, como se quisesse fugir dos problemas e retornar ao útero.

— Pai, agora que vamos entrar no resgate de todos os tempos, dentre esses tantos motivos que já mostrou, o que mais levou você a decidir escrever o livro?

— Eu pensei em deixar algo, sabe? Pensei em entregar um caminho para ajudar a pessoa que experimenta uma dificuldade a "sair andando" em vez de manter-se encolhida, dragada pela pressão do cotidiano.

— Muito bom, parece que estamos prontos para o "X da questão". Para ficar ainda mais claro, podemos dizer que, numa comparação, o "X da questão" é algo como a chave de fenda do resgate de todos os tempos, que vai apertando os parafusos soltos na vida do leitor?

— Acertou em cheio, filho. Vamos em frente mostrar como se usa essa chave. Agora que me apresentei em profundidade, revelando até os detalhes da vida íntima, já posso dizer que "estamos próximos do leitor" e não tem jornada melhor do que aquela que cumprimos ao lado dos que são próximos. Esse já é um dos conceitos do "X da questão", para o leitor ir se familiarizando. A partir de agora, vou apresentar a base da obra, que consiste em entender o perfil da pessoa, no qual ela vê e se encaixa nos comportamentos egoístas ou egocêntricos. Tenho uma orientação sobre isso desde já.

— Sobre aquela questão das palavras?

— Isso. A orientação é que não se apegue ao simples significado das palavras "egoísta" e "egocêntrico" porque elas servem apenas como "ponto de partida" para investigarmos a fundo quem somos, o que, para que e por que fazemos as coisas de determinada maneira, quando ou onde repetimos comportamentos nocivos que podem comprometer os bons resultados da vida em todas as áreas, e assim por diante.

— Pai, sabe a expressão "Dia D"? Podemos dizer que a "Hora X" chegou?

Mais uma vez sorrimos em concordância e decidimos entrar para a refeição com Jô e Luana, que nos aguardavam. O tempo que gerou este capítulo voou de tal forma que nem percebemos as horas se passarem nessa agradável conversa memorialista. Caminhando de volta à casa, o mestre perguntou:

— Você foi chamado de João do Pulo porque era rápido né, pai?

— Sim, foi isso que...

Não consegui terminar de falar. O mestre disparou a correr e gritou:

— Então, quero ver se é rápido mesmo. Vamos ver quem chega à mesa primeiro.

CAPÍTULO 3

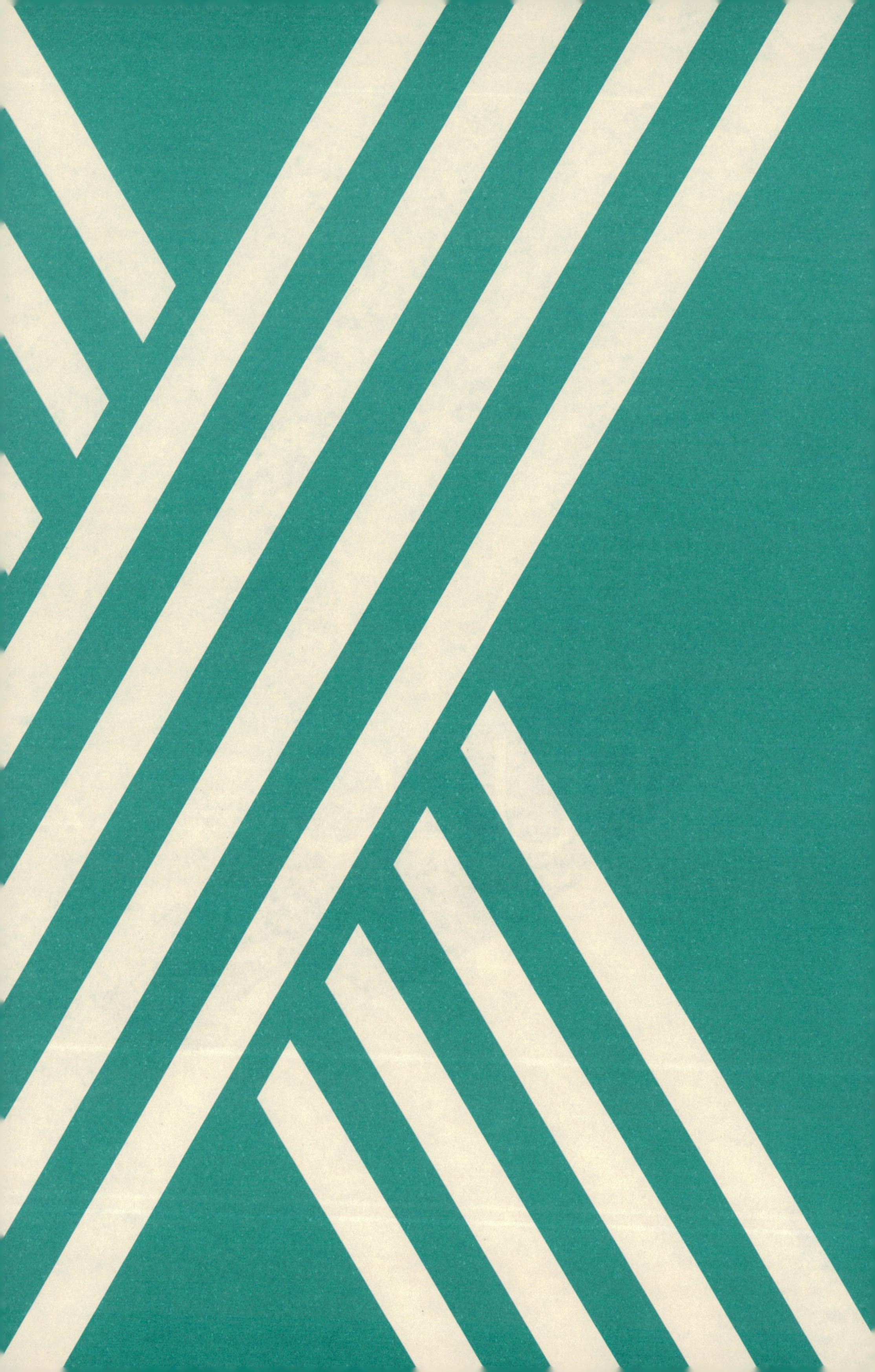

3 UM RAIO X DO "X DA QUESTÃO"

Outro sábado chegou. Uma chuvinha fina e insistente caía sobre Petrópolis, deixando o entorno ainda mais belo, já que a flora parece "sorrir" quando recebe seu banho natural, garantidor da perpetuação.

Comentei isso com o mestre enquanto apreciava o bom café de Jô, e ele tratou de contribuir, como de hábito.

— Não apenas a chuva. É muito louco esse ciclo né, pai? O oxigênio, o sol e a chuva são tão fundamentais à natureza quanto para nós, humanos.

— Viu só como temos conexões? O que seria de nós sem água? Eu conheci a região Nordeste numa época em que os nordestinos clamavam pela chuva que salvaria suas culturas de feijão, mandioca e outras especiarias.

Os anos 1980 e 1990 castigaram muito aquela região. Muitas vezes, faltava água até para o consumo das famílias e dos animais, uma tristeza de se ver. Hoje, podemos agradecer pela fartura que aquele tempo não viu.

— Imagino como foi difícil. E quanto a nossos planos, chegamos ao núcleo do "X". Pode dar uma introdução? De repente, poderíamos começar pela relação estreita entre o resgate de todos os tempos e a vida humana.

— Bom, a proposta do resgate é apresentar ao nosso próximo um caminho em direção ao desenvolvimento interior, para que a pessoa consiga "descomprimir", aliviar um pouco da pressão que vem de fora e invade seu interior. Para isso, a proposta é usar a melhor ferramenta do resgate, que é o "X da questão", recurso que uma vez aceito e praticado facilita que a vida flua rumo ao território que, para muitos, ainda é desconhecido ou inexplorado: nós mesmos, nosso íntimo, o que poderíamos chamar de autoconhecimento, consciência, recursos internos ou como se prefira dizer. Enfim, de agora em diante, seguiremos de mãos dadas com o leitor até o fim para uma jornada que se inicia com um caminhar que deve ser de dentro para fora, seguindo a básica premissa de que, para chegarmos longe, temos que conhecer o que está perto, nós mesmos. Ao mesmo tempo, contrariando a lógica que as pessoas vêm adotando: passam a vida tentando trazer de fora "coisas" que "entrem" para trazer plenitude. Aos poucos, vamos mostrando tudo isso em detalhes.

— Lembro-me de escutá-lo dizer algo como "conquistar coisas novas é positivo, mas não adianta nada se"... Como era a conclusão mesmo?

— É fácil, mestre. Costumo dizer que o homem fez tantas conquistas exteriores, mas nunca conquistou a si mesmo. Isso quer dizer que, na prática, historicamente o ser humano foi capaz de explorar territórios novos, desbravar continentes, pisar na Lua, romper limites físicos, aumentar e melhorar a qualidade de vida geral, criar tecnologias cada vez mais modernas, no entanto abriu mão de se conhecer, deixou de se conquistar, o que seria fundamental para aproveitar a vida ao máximo, pois não é saudável que a gente se conheça bem por fora, no raso, enquanto viva "como um estranho por dentro", sendo alguém que a cada demanda da vida reage de uma maneira.

— Por isso o "X" depende da mente aberta, certo?

— As considerações levantadas pelo "X" ao longo da jornada, filho, podem fazer todo sentido para a pessoa, mas acredito que sim, você está correto. É preciso ter mente e alma abertas para receber os conceitos porque vamos mergulhar no mundo interior que para muitos ainda é desconhecido, deixando emergir e fluir, colocando o invisível dentro do campo visível, inserindo o instintivo na porção consciente da mente.

— Assim o leitor vai ficar cada vez mais curioso.

— Tomara, a curiosidade é uma das maiores qualidades que temos. E veja só: caminhando juntos, vamos descobrir muito mais sobre esse ser humano "tão perto e tão distante" que se apresenta no espelho a cada amanhecer.

— E tem o lance da aceitação também.

— Isso, exatamente isso! Quanto mais se conhece em ampla perspectiva, melhor a pessoa se aceita do jeito que é, pois nesse mergulho é possível perceber o que e por que faz as coisas, como sente e pensa a respeito de tudo, com qual finalidade tem agido desta ou daquela maneira.

— E lembrando o que aprendi contigo, não é uma direção comum, que todos possam seguir.

— Bem lembrado, mestre. Cada leitor há de ser conduzido pelo "X" na própria direção e velocidade porque o ser humano é único. À medida que caminha, descobre aos poucos quem é de verdade o tal do "eu sou" que tantas vezes na vida repete: eu sou isto, eu sou aquilo. Por consequência, vai ficando mais fácil e leve conviver consigo e com o próximo, os amigos, os profissionais que dividem a jornada e a família em sua ampla compreensão: cônjuge, filhos, pais, irmãos e por aí vai.

— O mesmo se aplica à carreira?

— Com uma diferença sutil. O que aprender com o "X da questão" será usado no ambiente profissional pela perspectiva dos relacionamentos de trabalho. Os pares, os clientes, os superiores, subordinados, companheiros de equipe, prestadores de serviços. Ou seja, basicamente só muda o público. Como estamos avaliando principalmente a área de relacionamentos, no lugar ou com quem a pessoa estiver, terá um entendimento mais claro acerca de todos e de tudo à volta.

— Da minha parte, pai, posso dizer que o mundo e a vida fazem mais sentido depois do contato com o resgate de todos os tempos, porque a gente se sente mais acolhido por si e pelo outro.

— Essa é a ideia, gerar informações e recursos para que as pessoas tenham relacionamentos afetivo-amorosos mais consistentes e duradouros. Caso tenham filhos, que possam entender e saber como cuidar para que se tornem pessoas mais seguras, decididas e corajosas para enfrentar as adversidades que o mundo há de apresentar. Ou seja, nossa proposta é fazer um verdadeiro raio X do "X", para que nosso próximo possa viver, sentir e respirar com mais descompressão e leveza, com menos ansiedade e tristeza.

Do lado de fora, a chuva tinha dado uma trégua momentânea. Olhei para o mestre e o percebi concentrado, olhando para cima com aquele jeitão de quem está pensando profundamente.

— De repente, você foi para longe. Viajando pelas reflexões? – perguntei.

— Tava aqui pensando numa fala sua sobre o que nos torna de fato semelhantes. Como era mesmo?

— Mestre, vou reciclar pra você. Já somos quase oito bilhões e cada um de nós tem a mesma origem.

Independentemente dos pais de cada um, da cultura que se vive ou das crenças aprendidas, a nossa essência, o nosso núcleo emocional-espiritual é o mesmo.

— Ah, isso mesmo, era a coisa da essência, agora me lembrei.

— Aliás, o "X" foi baseado no pilar dos relacionamentos que nos permite observar as muitas características semelhantes que temos, por conta da própria essência humana que é a mesma, e que por sinal dita a qualidade das relações.

— Pai, quando usamos as palavras "relacionamentos" ou "relações", o leitor pode entender que estamos falando de qualquer relação: pessoal, amorosa ou profissional. Correto?

— Sim. A primeira análise que iremos nos aprofundar serão as afetivo-amorosas, portanto os relacionamentos amorosos que, em sua maioria, se dão por oposição entre um ser "não aceito" e um ser "não amado" ou vice-versa, pois os opostos se atraem e se procuram. Nessa oposição, um procura no outro aquilo que falta na própria essência, as habilidades, características ou simplicidades.

— É aqui que vamos começar a falar sobre os dois perfis centrais do "X"?

— É sim. Podemos afirmar que nossos "personagens" são: **egoístas** versus **egocêntricos**. Lembrando: para aplicar o "X" na própria vida e colher seus benefícios, não podemos nos prender somente à semântica do vocabulário, como conversamos antes. O importante é deixar fluir a leveza do ser, o melhor cenário é que se abra para perceber cada movimento e dinâmica do ser humano nesses dois padrões, e que possa compreender em teoria, depois comprovar o que está lendo ao levar e aplicar no cotidiano.

— Pai, podemos dizer que este é o nosso convite a quem chegou até aqui e deseja se conhecer melhor?

— Convite feito, podemos sim. E vou mais longe: o(a) leitor(a) pode sentir-se convidado(a) a se conhecer, entender e praticar. Isso significa que meu desejo não é ver o "X" guardado na estante ou armazenado na mente de quem lê, mas praticado, levado ao dia a dia em prol das melhores relações e dos bons resultados em áreas diversas da vida. Continuando, agora vamos estudar o "X" pela ótica dos relacionamentos profundos, que acontecem por oposição. Veremos os demais formatos de relacionamentos em outros trechos, assim o leitor poderá separar os assuntos, concentrar-se melhor no "X", confrontar nossas teorias com sua vida real e, assim, concluir que o "X" revela o que vem acontecendo em seu entorno, e que o resgate de todos os tempos está à sua disposição, isto é, a chance de assumir o protagonismo na vida, uma oportunidade para se entender e prosperar.

— Eu só não entendi bem essa questão da oposição, pai. É uma regra?

— Eu explico. Para começar, quase nada pode ser considerado regra no campo dos relacionamentos, pois somos guiados por decisões e essas dependem daquilo que acreditamos (crenças), das emoções, dos comportamentos, do ambiente e da educação que recebemos, além de várias outras questões. Somos atraídos pela oposição. É de se esperar que, um dia, essa oposição seja revelada.

— Quer dizer que a pessoa está começando uma relação com seu oposto e não sabe disso?

— Quando iniciamos um relacionamento, estamos encantados com tudo o que há no outro. Enxergamos as partes que nos agradam e são elas que vão nos completando dia após dia. A relação migra para o casamento e não faz diferença se o enlace é formal ou se passaram a morar juntos. Assumindo uma forma mais comprometida na relação, conheceremos o verdadeiro ser que se apresentou diante de nós usando as máscaras da conquista, o jeito certinho, as gentilezas e todos os outros elementos conquistadores.

— Casamento é uma cilada? É isso que quer dizer?

— Desta vez você errou, mestre. O casamento é maravilhoso e minha excelente relação com sua mãe é prova disso. Eu e Jô aprendemos a respeitar o oposto que há no outro. O que falta em mim, ela completa e vice-versa. O que sobra em mim, ela tolera e vice-versa. Essa é a essência dos relacionamentos pela ótica do "X". O que estou mostrando é uma premissa inicial e não se trata de culpados ou inocentes. O convívio diário derruba as máscaras e mostra as características do oposto. Se a pessoa não se conhecer interiormente e não conhecer essa parte interna da pessoa amada, os conflitos surgem porque o véu vai caindo e os verdadeiros seres são apresentados um ao outro no cotidiano. Nesse novo caminhar, vão se conhecendo mais profundamente e tudo passa a ter um novo olhar. O que antes se apresentava disfarçado, agora começa a brotar de verdade. Aquilo que antes preenchia todos os espaços talvez não faça tanto sentido como antes, pois o véu caiu e a máscara deixou de existir, os "defeitos" se evidenciaram. Entende?

— Isso acontece em qualquer casamento?

— A exceção costuma acontecer entre aqueles casais que, antes de juntar as escovas de dentes, namoraram por muitos e muitos anos. Esses já conhecem as virtudes e as limitações, o "combo" do outro. Se observarmos a maioria dos casais, veremos que um sempre terá predominância sobre o outro, a forma física de um será mais enrijecida, enquanto o outro será mais leve, com movimentos e olhares mais descontraídos, se vestirá de forma mais colorida, estará mais preocupado com seu mundo interior, consigo. Terá uma visão de mundo mais para dentro, enquanto o outro estará mais voltado para fora, para o mundo externo, mais ligado às questões do saber, principalmente para ser mais aceito nos grupos que frequenta ou até para aceitar-se interiormente. Usará roupas de forma mais harmoniosa, peças que combinam uma com a outra, terá sempre essa preocupação para se apresentar ao mundo externo. Algo "dentro dele" jamais o deixa sair de forma desarrumada.

— Pai, imagino que acabou de descrever as características do egocêntrico do casal.

— Bingo. Se seu oposto é egoísta ou "não amado", não terá tanta preocupação em suas combinações. Seu armário de roupas provavelmente terá mais peças coloridas do que neutras, peças que aos olhos do egocêntrico não combinariam. Há casos em que o egocêntrico se sente até incomodado com a forma de se vestir do egoísta e pede para esse outro trocar a roupa, para saírem de forma mais harmoniosa. Aí está armado o conflito: na visão do egocêntrico nada está combinando com nada. Para o egoísta, tudo está bem e não há nada de errado em sua escolha descombinada.

— Naquela tal fase do encantamento que comentou no início do relacionamento, esse tipo de coisa já não acontecia?

— Com certeza, mestre, mas tinha pouca ou nenhuma importância. Depois que o véu está caindo, o "egocêntrico" quer assumir seu posto diante desses pormenores que na visão dele fazem toda a diferença.

— E a consequência é a separação?

— Nem sempre. O fato é que as necessidades de um não serão mais preenchidas pelo outro, como acontecia no início do relacionamento. Durante a convivência diária, os opostos começam a assumir seus lugares e os relacionamentos tendem a se deteriorar. O que antes foi unido para ser uma só carne agora segue no caminho da divisão. Lembra, filho, que conversamos sobre a natureza? Tudo o que se divide na natureza enfraquece. Nos relacionamentos, é a mesma coisa. A divisão gera um enfraquecer diário e contínuo, levando a um obscuro e doloroso caminho que pode começar pelas brigas, avançar para a traição ou até a separação.

— Isso não quer dizer que o "X da questão" só vá tratar dos problemas, né? Pergunto isso só para tranquilizar o leitor.

Naquele instante, outra vez admirei a posição do mestre, sempre sagaz em suas percepções, em suas perguntas e colocações. Pensei um pouquinho e respondi.

— Nossa proposta não é levantar somente os pontos ruins. No fim das contas, a gente não sabe nas mãos de quem esta obra vai parar. Por isso, precisamos trazer o maior número possível de assuntos. A nossa esperança é que um casal em crise, por exemplo, possa se reencontrar, possa fazer "o resgate de todos os tempos" a partir desse e de outros tantos entendimentos que o "X" possa gerar. Nosso objetivo é trazer à luz um novo horizonte a ser olhado, para que a pessoa pare de olhar somente para o próprio umbigo e retome o encontro consigo, o que resulta em um verdadeiro processo de harmonização interior, um reencontro integral entre corpo e alma, que permita consistência para trilhar rumo aos dias melhores.

— Pai, há um detalhe que gostei porque aprendo bem melhor assim e acho que o leitor vai gostar também. Em vez de ficar mostrando teorias, você já foi entrando com exemplos da vida real.

— A ideia é essa, que a pessoa consiga se identificar por perfil. Que ela possa fazer pequenas análises de seu corpo físico, das características que foram e ainda serão elencadas, que possa ver em qual lado está. Diante desse olhar apurado, terá a capacidade de seguir um caminho rumo à libertação que traz alívio imediato das culpas e pressões que talvez possam existir na caminhada pela vida, dentro e fora do relacionamento.

— É tipo aquela mania que a pessoa tem de olhar para a vida do vizinho e não olhar a imagem refletida no espelho?

— Mais ou menos isso. Veja, muita gente deixou de ganhar espaço na vida ou na carreira por não se conhecer melhor, nem conhecer o outro, aquele que está próximo em qualquer lugar, a qualquer hora, seja de laços consanguíneos ou não. A batalha da luta interior consiste em deixar ir, deixar fluir a nova realidade que se apresenta, observando a vida a cada dia, de forma que esteja no presente e conheça cada gesto, ação ou comportamento seu. Se estiver em estado presente ou estado de presença, poderá ver e sentir que o aqui e o agora se tornam leves para virar a chave e seguir.

Olhei para o mestre e o vi naquela posição que o leitor já conhece, rosto voltado para o alto, com o olhar pensativo.

— Sinto que você está prestes a trazer algo por aí.

— Então, pai, eu sei de seu entusiasmo com o resgate de todos os tempos e a sua principal ferramenta, que é o "X da questão". Mas vamos de uma vez focar nas características? Senão você se empolga porque o "X" é isso, leva seus pensamentos de um extremo a outro. Precisamos nos lembrarmos de oferecer a seu leitor o meio, ou seja, o centro entre esses extremos impactantes de reflexão.

— Muito obrigado, filho. Essas suas ponderações estão fazendo toda a diferença. Vamos começar relembrando o básico da equação filosófica: "egoístas = não amados" / "egocêntricos = não aceitos". Dois pontos são importantes e o primeiro deve ser relembrado incessantemente: os termos não se referem exclusivamente ao significado das palavras escolhidas para identificar, apenas nomeiam e baseiam os perfis. O segundo é uma regra que deve ser cumprida em benefício de quem lê: dentre egoístas e egocêntricos, não existe o pior ou o melhor. Estamos todos em um só barco, apenas seres diferentes em suas estruturas físicas e psicológicas.

— Que bonito isso!

— É só a verdade, os fatos como são. O ser humano veio e permanece aqui para dar seu melhor diante das oportunidades, ser o melhor que puder no dia a dia, além de fazer o melhor que nos foi reservado a cada instante. Em resumo, estamos procurando a nossa verdadeira qualidade de vida, pois é nela que tudo se sustenta, é a raiz. Aliás, a boa qualidade da vida pessoal é o resultado para se conseguir qualquer outro formato de qualidade. Se faltar, tudo pode ficar dissonante e confuso, momento em que ficamos distantes, separados do nosso ser.

— Do ser no sentido de essência, pai?

— Sim. O ser, em seu sentido da vida, só é vivido quando o coração bate mais forte, quando se está em ação à luz da plenitude para fazer melhor aquilo que faz todos os dias, amar, trabalhar, interagir, criar, se divertir, se relacionar, enfim.

— Pai, não quero ser chato, adorei suas colocações, porém precisamos voltar à nossa análise de egoístas e egocêntricos.

— Você está em estado de alerta, em estado de presença e isso por si já é um bom exemplo para o leitor. Ao me cobrar foco, você demonstra estar focado no agora. Vamos lá: todos nós nascemos perfeitos e semelhantes aos olhos do Criador, assim é dito, assim é vivido, assim nos guiamos diariamente. Se somos criaturas perfeitas à imagem e semelhança do Criador, tudo o que vem e vai deve ser perfeito também. É por esse viés que seguiremos nossa jornada. Vejamos as características dos chamados "não amados": da pessoa que gosta de contato físico.

— Ou seja, os egoístas.

— Correto. O egoísta se veste de forma mais jovial, intercalando cores e estilos. Tem uma harmonia interior maior, mais serena. Fisicamente, tem musculatura mais leve, menos enrijecida, solta e autoconfiante. No campo dos relacionamentos, é uma pessoa mais ciumenta ou até possessiva, desconfiada, do tipo que está sempre investigando as pessoas, procurando um defeito de caráter ou comportamento, alguma informação que contradiga seu interlocutor. Não se arrisca de forma aleatória, é mais prudente e comedido, fala com maior naturalidade e sem rodeios ou floreios, sem se preocupar tanto com as palavras escolhidas ou com o efeito que as opiniões causarão. Seu olhar sobre si mesmo é pragmático e pouco fantasioso, porém é mais sensível ao afeto, gosta de abraços e beijos, é de natureza eternamente "carente".

— Entendi. Vamos agora ao resumo dos não aceitos, isto é, os egocêntricos? – propôs o mestre.

Sempre entusiasta desses assuntos, respirei profundamente e respondi.

— O egocêntrico (não aceito) é a típica pessoa que não gosta muito de ser tocada, que prefere interagir evitando o contato físico. Por exemplo, às vezes, quem não sabe disso e aperta a mão de uma pessoa egocêntrica (que costuma ser um aperto muito forte, quer mostrar o poder que não tem) pode acabar cometendo a injustiça de supor que está lidando com uma pessoa "falsa". Além disso, gosta muito de elogios. É movida pelo reconhecimento, pelos elogios que recebe no trabalho ou em casa, como se os "aplausos de sua vida" fossem seus "combustíveis motivacionais". Procura atenção e aceitação em tudo e de todos. Costuma ter o corpo mais enrijecido por conta das tensões que carrega. Procura palavras rebuscadas para dizer o simples, tem dificuldade para receber carinho e abraço. Como se fosse um "soldado em marcha", sua estrutura física é por si só mais elevada, com ombros retos e postura firme. Carrega o olhar vivo e cheio de brilho, além de ter sentidos mais rápidos para detectar movimento, objetos ou até oportunidades. Faz uma análise mais rápida das situações, se atira em negócios e relacionamentos de forma mais drástica, do tipo que diz "eu te amo" como quem diz "que dia bonito". Gosta de ser livre e mostra-se menos ciumenta ou possessiva do que seu opositor egoísta.

— Um detalhe chama minha atenção. Eu me lembro de ouvi-lo dizer que mais da metade da população de qualquer lugar provavelmente convive com uma pessoa oposta. De onde tirou esse dado? Como chegou a esta conclusão?

— Filho, a enorme quantidade de divórcios no Brasil nos permite entender os números. Uma pesquisa do IBGE aponta que, em 2021, por exemplo, nosso país registrou 932 mil casamentos civis e 331 mil divórcios. As pessoas se encontram, são seduzidas pelo encantamento dos encontros amorosos e se atraem por um movimento natural. Quando a verdade vem, o casamento se vai, outra razão pela qual decidi escrever este livro, para que o cônjuge possa entender seu oposto e, principalmente, que possa aceitar as diferenças.

— Do contrário, se não aceitar que a pessoa amada é seu oposto do jeito que é, a tendência seria ela ficar tentando "moldá-la" para transformá-la em uma versão que se pareça consigo?

— É cirurgicamente isso. Lembre-se do que trouxemos: as pessoas sempre são o que são e, quando se relacionam, por estarem no que poderíamos chamar de "período de avaliação", inconscientemente entram em estado de dissimulação ou encantamento, mascarando o que consideram negativo, escondendo-se de si e do outro que se aproxima para ficarem juntos.

— Quando o certo seria revelar-se em total transparência?

— Vamos lembrar que não existe certo ou errado, apenas ações e consequências. Mas aí que está o pulo do gato, o "X da questão", o puro e verdadeiro resgate de todos os tempos que aponta para o verdadeiro sentido da vida: viver com o oposto para que ambos se completem e se tornem um ser mais forte, capaz de oferecer amor e apoio mútuo, pois o outro passa a prover tudo o que ela não tem e vice-versa, em vez de tentar tirar ou mudar um comportamento do outro que não gosta.

— O leitor não poderia pensar assim, pai: "falar é fácil, quero ver na prática"?

— Claro que poderia, é da natureza humana duvidar e, além disso, alimentar o ceticismo é uma estratégia sutil para evitar as transformações. Realmente, a arte de viver, amar e conviver não é fácil porque o ser humano carrega suas complexidades, seja ele egoísta ou egocêntrico. Cabe pensarmos no exemplo da árvore: a vida dela não é fácil, terá que lidar com muitos contratempos e resistir a fenômenos que podem arrancar-lhe a raiz. Mesmo assim, ela prospera. Precisamos nos espelhar nessa magistral forma de vida e, no caso do ser humano, pode não ser exatamente fácil, mas é possível. O caminho é reconhecer que "sou desta ou daquela natureza", aceitando a si e o outro do jeito que ele é.

— Então, o "X" é um processo que visa fazer a pessoa se aceitar e aceitar a pessoa amada com todas as qualidades e limitações?

— Isso e muito mais, mestre: o "X" aponta também que não é necessário "domar" o outro sob rédea curta, tratando a relação como se fosse uma questão hierárquica. Inclusive, volta e meia a gente até escuta alguém dizer "em casa, quem manda sou eu", como se o amor fosse ditatorial. Basta aprender a viver com isso tudo que o outro tem e transferir a ele o que falta, numa troca prazerosa sem fim. Assim, os relacionamentos se sustentam e se constroem com sabedoria. Ambos se tornam, realmente, uma só carne, um só sustentáculo, um alicerce capaz de suportar tudo o que será construído sobre ele: uma família com filhos, uma família cercada de amigos, uma família mantida pelo trabalho digno de seus provedores. Entende?

O mestre deu aquela olhada para cima antes de responder.

— Entendo e admiro, muito interessante! Para aceitar o outro, então, é preciso fazer um grande exercício de aceitar-se, em vez de ficar escondendo uma parte da própria essência, vivendo uma vida interpretada que não é sua, só para agradar o outro. Estou acompanhando bem?

— Perfeitamente. Nessa jornada de aceitação e reconhecimento, nós crescemos, nos desenvolvemos e nos valorizamos como pessoas, como privilegiados seres pensantes que somos.

— E a vida fica mais, como você diz, "descomprimida" porque a pessoa deixa de procurar a felicidade como se essa existisse ou estivesse fora dela.

— Por isso que eu te considero um jovem mestre, é isso mesmo. Por exemplo: algumas linhas religiosas sugerem que a felicidade está dentro, mas não explicam com o detalhamento que estamos explicando ao leitor, não oferecem o "X da questão". Nessa linha que estamos seguindo, a vida se torna mais leve e suave. Ao praticá-la, digo isso com bastante conhecimento de causa porque você sabe que eu vivo conforme aquilo que defendo, é possível sair do estado de eterno oprimido pela vida, suavizando aquela pressão interna que a pessoa acumula dentro de si e só faz sobrecarregar a mente. A partir dessa compreensão, ela pode avançar a um estado de relaxamento, tranquilidade e leveza interior. É praticamente uma libertação dos grilhões impostos pelo mundo moderno e suas tantas demandas, mestre.

— Inclusive no trabalho, imagino. Ou não?

— Eu diria que é um efeito borboleta. A gente muda um comportamento ou uma determinada compreensão a respeito do mundo, de quem somos e como agimos. Uma série de eventos e circunstâncias da vida se transformam em decorrência dessa mudança, então serve para todas as áreas porque se alcança a qualidade interior, que muitos chamam de qualidade de vida. Em tudo o que nos propomos a fazer com essa linha de pensamento e ação, fortalecemos a semeadura.

— Como assim, essa semeadura que comentou não estava ainda na linha de raciocínio? Agora me perdi um pouco.

— É simples: vivendo sem máscaras e com alta qualidade interior, deixamos sementes todos os dias nos lugares por onde passamos. Como toda semeadura que é bem-feita, elas se tornam férteis. Nessa analogia, a colheita que o "X da questão" permite é observada quando fazemos a diferença com as pessoas que nos contactamos. Consequentemente, os frutos desse equilíbrio nas pessoas vindas de nós ou até nós, dos nossos relacionamentos em geral, vingam bem, são mais saudáveis, psiquicamente equilibrados, seja a pessoa egoísta ou egocêntrica, pois vão sentir que estão no lugar certo, dentro do lar certo, vivendo a vida que escolheram.

— E os filhos? Como ficam nessa história de egoístas e egocêntricos? Eu sei porque vivo com o idealizador da proposta "o resgate de todos os tempos", mas seria bacana explicar.

— Bom, o assunto requer profundidade. Vamos trazer um capítulo narrando o que acontece por ocasião do nascimento, desde o momento da fecundação.

— O "X" vai tão longe assim na análise, pai? Não me lembro de ter aprendido essa parte.

— Eu expliquei quando você tinha uns oito anos de idade. Vai ser legal para relembrar. Em resumo, a jornada e a nossa análise começam antes mesmo de o ser humano ser concebido. Por enquanto, vamos nos preparando para nos conhecermos melhor na fase que estamos, no presente, pois antes que cheguem os filhos, precisamos estar equilibrados, merecemos estar física e psiquicamente saudáveis para que possamos entender, aceitar e educar cada filho(a) de acordo com suas particularidades.

— Acho que o leitor está entendendo tudo até aqui. O primeiro desafio de nosso semelhante tem sido reconhecer quem ele é, e como ele é. Conseguindo, pode entender melhor a pessoa amada, e o próximo com quem ele convive na vida pessoal ou no trabalho.

— E posso complementar, filho. Ao se conhecer por essas contemplações que você acaba de citar, a pessoa percebe que não é tão complicado, acaba notando que o grande segredo é conhecer a si para conhecer o outro. É mais ou menos como no livro *A arte da guerra*: se eu me conheço e conheço o inimigo, vencerei todas as batalhas. Se conheço a mim, mas não conheço o outro, para cada derrota uma vitória e, finalmente, se não conheço nem a mim nem o outro, estou fadado a perder todas as batalhas.

— Eu li esta obra, também muito boa. Porém, gosto mais da sua porque explica melhor as dinâmicas de oposição dos relacionamentos.

— Mas você é suspeito para dizer, mestre.

— Não sou. Se sua obra não estivesse boa, eu diria sem problemas.

Não duvidei sequer por um instante. O mestre é assim mesmo, direto e reto para se expressar e se posicionar.

— Filho, penso que estamos travando uma guerra interior que, por si só, é a maior guerra que o ser humano pode enfrentar: vencer a si mesmo. Eu me decifro ou me devoro? Isso mesmo, é melhor compreender o que está dentro de você do que viver sendo devorado pela compressão, pela ansiedade e por tantos outros vilões emocionais da vida moderna. De qualquer forma, vamos relembrar alguns detalhes que, mesmo já mencionados, poderão ajudar ainda mais o leitor a se familiarizar com essa análise profunda de si e do outro: o segredo é fazer tudo sem a pretensão de comparar certo ou errado, melhor ou pior no sentido de ter o perfil egoísta ou egocêntrico. O ideal é manter-se em posição de observador neutro e não reagente, de perceber que é diferente, de aceitar a si e ao outro do jeito que veio ao mundo.

— Até porque o "X" é bem claro nisso, pai: aquilo que está na essência da pessoa será imutável até seus últimos dias, goste o outro ou não, aceite o outro ou não.

— Exato, mestre. Então, é importante que o leitor faça as pazes consigo, se aceite, se ame, se admire e dê sempre seu melhor, primeiro para a própria satisfação porque, ao fazer algo com brilhantismo, só boas emoções e vibrações energéticas tomam conta de nós. Depois, dar o melhor de si em benefício do próximo, para que esse aproveite sua excelência no que foi realizado. Em seguida, dar o melhor de si para o mundo que lhe deu a oportunidade de estar vivo, respirando e dividindo esse planeta maravilhoso com quase oito bilhões de egoístas e egocêntricos que lutam, cada qual com suas armas, rumo à evolução e perpetuação da espécie, funções primitivas que estão em nosso DNA desde antes do início da civilização.

— Pai, acredito que a essa altura despertamos a atenção daqueles que realmente querem de alguma forma se conhecer melhor e sair do ciclo da repetição.

— Tomara que sim. Somente saindo de dentro de si e observando seu jeito de ser, a pessoa se transforma em observadora nata e ganha seu melhor companheiro diário para viver e conviver, a única pessoa de quem ela jamais poderá se divorciar: ela mesma.

— O mais legal é que o resgate de todos os tempos não sugere soluções que dependam de alguém externo.

— Pelo contrário. Por tê-la praticado tantos anos, acredito que a ferramenta "X" do resgate, agora transformada e formatada para estar nas mãos e diante dos olhos do leitor, pode servir como aquela mão estendida que nos leva a dar saltos maiores, que promove a necessária descompressão, que nos ajuda a viver no presente, dando os passos necessários para o dia de hoje. Afinal de contas, você não é apenas seu principal libertador, e sim o único.

— Pai, vendo o jeito que você coloca as coisas, penso assim e me diga se faz sentido: usando o "X", a gente vai deixando para trás um ser antigo, cego para a percepção de si, dando espaço a um ser novo, que se rende a quem é por natureza, que conquista novos ares a cada amanhecer que surge porque aprendeu a se conquistar.

— Quanta inspiração, mestre. É isso aí. Tudo o que está na natureza nasceu projetado para crescer conforme seu padrão, sua essência. Nós, seres humanos, não somos diferentes. Fomos privilegiados, crescemos física e, também, podemos crescer psiquicamente, evoluindo e nos ajustando aos semelhantes a cada dia. Se soubermos ocupar os espaços de forma mais consciente, logo chegaremos mais longe. Se conhecermos o terreno interior, o exterior será uma consequência direta de nossa jornada. É como viajar pela primeira vez a um novo destino sem usar aplicativo de viagem. Na primeira viagem, o motorista precisa ficar atento ao caminho para não se perder. Conforme vai repetindo o percurso, se familiariza e o tempo que dedicava prestando atenção à rota, agora pode ser usado para apreciar a paisagem. Ou seja, suas novas viagens por aquela estrada serão bem mais prazerosas. Trazendo esse exemplo para a nossa vida, o resgate de todos os tempos permite fazer algo parecido. Na primeira vez, o leitor analisa tudo o que está entregue, fica atento para não se perder nas reflexões e, conforme vai avançando pelos capítulos, à medida que se aceita do jeito que é, e aprende a aceitar o outro tal qual ele é, seja egoísta ou egocêntrico, recebendo a chance de apreciar como será a "paisagem" de sua nova vida.

— Gostei dessa conclusão.

— Veja, mestre: quando se decide escrever um livro e a ideia toma conta da nossa essência, ela simplesmente sai, brota, vem à luz. Assume-se algum risco? Sim, algumas pessoas podem não gostar e outras podem adotá-lo como uma nova filosofia de vida. Cada qual tem as suas flores prediletas, seus livros favoritos e assim a vida vai seguindo.

— Faz total sentido.

— Ao longo da jornada existencial, filho, a humanidade vive em ciclos e, a cada dia, vai se distanciando de si, repetindo certos padrões comportamentais que deixam o caminho cada vez mais longe do encontro com seu ser.

Faz parte da nossa natureza buscar novos horizontes, aspirar dias melhores, compartilhar informação, amor e conhecimento, procurar a máxima qualidade de vida biológica e espiritual. Dessa forma, devemos buscar a verdadeira realidade existencial mergulhando profundamente, mesmo sabendo que teremos perigos e obstáculos a enfrentar que, uma vez vencidos, recebemos como benefício uma condição humana melhor, para nós e os outros que nos sucederem, para nós e os que vivem conosco, seja no lar, no trabalho ou em qualquer área.

O mestre se levantou, me deu um abraço e seguimos para casa, felizes por mais um dia terminado, por outro satisfatório trecho entregue. Aquela chuvinha fina que mencionei no início do capítulo agora caía forte e vigorosa. Eu e o mestre aproveitamos para experimentar o mesmo que a flora faz em seu papel natural: tomamos um bom banho de chuva, lavando nossas almas com a poderosa água sagrada que cai do céu há milênios com o propósito de abastecer e renovar tudo o que toca.

— Tudo o que existe hoje passou por transformações da natureza. Nesse sentido, você já pensou no poder milenar que a chuva possui, mestre?

O RESGATE DE TODOS OS TEMPOS

— Nunca vi a chuva por esse ângulo. Há lógica nisso porque nosso corpo passa por transformações diárias e mais de 70% dele é composto por água.

Eu sorri e entramos, pai e filho totalmente molhados após o banho de chuva. Assim é o mestre, sempre de olhar atento à abrangência das coisas simples da vida.

CAPÍTULO 4

4 AS FACETAS DO "X DA QUESTÃO"

Foram necessárias várias semanas até que eu e o mestre tivéssemos outra oportunidade para trabalharmos com o resgate de todos os tempos.

As demandas dos estudos estavam a mil e novos contratos da Open Sat também vinham exigindo tempo e dedicação.

Outra vez, reservamos um sábado especialmente para isso e o mestre chegou afiado. Enquanto eu experimentava um gole do café que a Jô deixou, reparei que ele estava daquele jeito, olhando para cima, já prestes a dizer algo, e o fez em seguida.

— Pai, vamos começar por aquela questão do casulo que você explicou noutro dia? Pra mim, foi mais fácil entender o "X da questão" a partir disso.

Terminei o café, sentei-me de frente para o mestre e respondi.

— Estamos bem conectados, foi exatamente por aí que pensei em começar. Conversando com as pessoas no dia a dia, percebe-se que muitas vivem presas em espaços de tristeza criados pela própria mente, como se estivessem presas a um casulo invisível, melancólico e intransponível. À medida que vamos mostrando caminhos para que ela consiga enxergar um mundo melhor e maior lá fora, do outro lado desse casulo, portanto um olhar de dentro para fora, a vida começa a fluir e mudar favoravelmente.

O mestre se lembrou da frustração.

— Se eu estiver certo, quando não se consegue sair desse casulo e, em vez disso, tenta colocar dentro do casulo as coisas de fora que deseja ou necessita, é onde a pessoa se frustra?

— Exato. Vivemos numa sociedade que fica tentando buscar fora o que só pode ser encontrado dentro. Então, quando essa pessoa deixa de procurar meios para ser feliz de dentro para fora, acaba tentando "importar coisas", procurando trazer algo de fora que compense a frustração ou a tristeza que tem feito parte de sua vida.

— Eu acho fascinante essa parte. É tipo a origem de tudo, não? É como se a gente olhasse para dentro primeiro, antes de tomar decisões.

— Basta olhar a natureza, filho. É a melhor professora que os quase oito bilhões de seres humanos podem ter a respeito desse conceito de dentro para fora. Observe que a raiz da flora está enterrada profundamente onde ela é mais forte. Só a parte mais frágil é que sai e se mostra. É como se fosse uma "equação natural".

— Como assim, pai?

— Simples: quanto mais saudáveis estiverem as folhas e flores + quanto mais se multiplicarem = maior o indicativo de que a sua força vital está preservada (as raízes).

— E onde entra o ser humano na equação?

— Nós, não eu e você e sim todos nós, estamos distantes da natureza, daquilo que é natural, filho. Assim, uma vez que nos distanciamos da nossa força vital, que são as raízes, a nossa origem, os nossos valores, acabamos assumindo uma vida mais rasa, baseada em comportamentos, tendências, marketing, redes sociais e qualquer tema semelhante. Não somos uma força à parte da natureza. Pelo contrário, está tudo interligado. A forma de andar, se comportar, pensar e agir, assim como a maneira que a pessoa se coloca diante do próximo, o tipo de reação que tem ao ficar frente a frente com as adversidades. Tudo isso depende de quão aprofundadas estão suas raízes. Se a pessoa vive somente à luz da parte externa, está deixando de usar o que tem de mais forte, portanto, passando a assumir uma existência mais fragilizada e suscetível às pancadas da vida. Por que a árvore aguenta vento, tempestade, raio e outros fenômenos?

— Por causa da sua raiz, claro.

— Isso mesmo. Então, pergunto: por que o nosso próximo se derruba emocionalmente diante de coisas como, por exemplo, dívidas, insatisfação, mágoas, frustrações e problemas diversos?

— Por que sua raiz está fraca?

— Quase isso. A raiz nunca perde a força, ela só deixa de ser usada. Sem saúde psíquica, isto é, sem saúde interior, a capacidade emocional e até física do ser humano desaba. Isso explica por que a depressão só cresce no mundo inteiro, por exemplo. Para o ser humano "brotar e florescer", ou seja, "se reproduzir e ser feliz", a saúde emocional (que é ligada às raízes) deve estar bem.

— Por exemplo, pai, uma mãe deprimida aumenta as chances de ter um filho que lá adiante possa ter depressão. O ideal seria ela se recuperar, voltar às suas raízes emocionais saudáveis, libertar-se da doença e só então engravidar. Mais ou menos isso?

— Você está pegando o conceito, mestre. Se você, que apesar de sábio é bem jovem, está entendendo tudo, com certeza o nosso leitor também vai compreender.

— A forma com que as pessoas estão pisando, eu bem me lembro quando explicou o "X da questão" pela primeira vez, explica sobre isso né, pai?

— Sim, é uma das bases, traduz a sustentação. O jeito como a pessoa caminha e pisa, se é um andar compassado e firme, se a pessoa está "pisando muito no presente" ou "pisando muito no passado". O ideal é que a pessoa se inspire na natureza. A planta é forte porque sua raiz está no presente e assim devem ser os passos da pessoa, firmes e determinados para o dia de hoje, para os enfrentamentos de agora, sem carregar nos pés a mágoa do passado ou a ansiedade do futuro.

— Talvez isso até explique qual é o caminho que as doenças da mente utilizam para ocupar espaço.

— Bem colocado. A depressão, por exemplo, pode ter várias características que a definem do diagnóstico ao tratamento e não poderíamos ser simplistas ao tentar explicá-la, mas é justo afirmar que a depressão é excesso de passado. Afinal, a pessoa sente tristeza por aquilo que um dia teve ou viveu, e não por aquilo que ainda não tem. É a mesma explicação para o excesso de ansiedade que afeta a sociedade, com a diferença de que, nesse caso, a pessoa sofre por aquilo que ainda não tem, por aquilo que talvez nem venha a ter, porém fica esperando, roendo as unhas. O resultado de tudo isso é que, vivendo do saudosismo ou sofrendo pelo porvir, a pessoa não vive o que é mais importante, o momento presente, o agora. Espero que este livro seja um convite para o nosso próximo refletir sobre a questão, sobre a importância de valorizar o exato instante em que ele está respirando e, outra vez, a natureza dá o seu espetáculo nesse sentido porque, se você observar, flora e fauna vivem um dia de cada vez em busca de recursos e perpetuação da espécie.

— O problema está reportado, entendi. E o que a pessoa deve fazer? Que tipo de hábitos ou crenças deve mudar para que viva o hoje?

— Antes de mais nada, por mais que pareça redundante, "se encontrar consigo". Para chegar longe, é necessário conhecer e viver o que está perto, que por sinal é a soma de tudo o que está em torno da nossa existência (circunstâncias) e de todos (pessoas). Por exemplo, o sujeito diz que quer prosperar na vida e nos negócios, mas nem ao menos se conhece direito, não sabe quais são seus verdadeiros anseios, não sabe o que vai em seu coração, não usa os privilegiados recursos que possui na mente. Dessa forma, fica especulando e tentando crescer, mas como está dissociado da própria essência, acaba empreendendo energia em um trabalho que, há de descobrir adiante, não o faz feliz.

— É como se a pessoa se dividisse em duas? Uma vida presa à rotina e outra adormecida, esperando ser despertada?

— É mais ou menos isso. Ocorre que, vivendo longe de si, a pessoa fica meio fragmentada pelas incertezas, vítima da falta de conhecimento de si mesma, vítima da falta de sustentação naquilo que ela possui de mais forte, que são suas raízes, ou seja, seu legado de família, os conhecimentos que recebeu ou deveria ter recebido enquanto era educada, os valores que conheceu ou deveria ter conhecido na infância. Lembre-se do que dizia Jesus em uma de suas mais conhecidas parábolas, intitulada "a casa edificada na rocha", que não cedeu aos fenômenos da natureza e manteve-se firme. Assim merece ser o ser humano, edificado sobre a "rocha", isto é, suplantado pelas próprias raízes.

— Com esse conhecimento que está transmitindo, a pessoa terá uma vida equilibrada, pai?

— O "X da questão" é o principal recurso utilizado pelo resgate de todos os tempos. No entanto, mesmo eu ou você, que nos conhecemos tão bem, estamos expostos às armadilhas da vida, a assumir decisões ou comportamentos temerários. Essa é a graça de viver: erramos hoje, acertamos amanhã com o conhecimento recém-adquirido pelo erro, aumentando assim a força das nossas raízes e a bagagem do autoconhecimento.

— É tipo aquela questão do eixo e da parte de cima do X?

— É, filho. Quando se passa do eixo do "X da questão" para baixo, tem-se acesso à "pequenez" humana dos comportamentos que nada agregam, das crenças que nos levam a agir de forma inadvertida. Quando se observa a parte de cima, vê-se a dimensão que podemos alcançar, o infinito que a tudo transforma e eleva. O caminho para ir de uma até a outra polaridade é estreito e difícil, como tudo na vida. No eixo do X, o homem ainda quer resolver tudo de maneira carnal e lógica. Na parte de cima, suas decisões são mais espiritualizadas.

— Isso quer dizer que todos devemos nos elevar e nivelar, por exemplo, aos mais espiritualizados que abrem mão do material?

— Não, filho. É possível viver numa sociedade capitalista, buscar sua prosperidade financeira e, independentemente disso, estar e conduzir a sua existência na parte de cima do "X da questão", com um olho na lógica e outro, na espiritualidade. Aos poucos, a gente vai apresentando essa rota, para não confundir o leitor porque é muita informação. Vamos almoçar?

— Já?

— Viu só? Você está vivendo na parte de cima do "X da questão", de tal modo que, ao discuti-lo, nem consegue ver o tempo passando bem diante dos olhos e dos sentidos. A maior parte dos jovens de sua idade está preocupada com o corpo, malhando ou postando seus cuidados com o físico nas redes sociais.

— Mas isso é importante, eu também procuro me cuidar.

— Sim, a saúde física é fundamental. Quero chamar sua atenção para outro detalhe. Enquanto cuidamos do corpo, não podemos esquecer a inteligência emocional e a inteligência espiritual porque são partes do mesmo conjunto. Veja o caso da árvore. Sua estrutura de folhas são "os pulmões" dela. As raízes são "a boca" por onde absorve tudo o que há de melhor em nutrientes, nas profundezas do solo que a sustenta. Seu caule, que é o tronco, equivale ao nosso "corpo" porque a sustenta. Suas folhas e frutos são a "nossa aparência", são aquilo que mais fica visível. Consegue se descolar da lógica só por um instante e imaginar uma coisa lúdica, filho?

— Sim, sem problemas.

— Então, imagine se a árvore pudesse postar todos os dias nas redes sociais como tem trabalhado seu tronco, como suas folhas e seus frutos estão bonitos, mas se descuidasse do caule das raízes.

— Não demoraria muito, suas folhas e frutos perderiam a beleza.

— São bem-vindos e necessários os cuidados com o corpo. Ao mesmo tempo, não podemos ficar no raso porque, por exemplo, a moda das redes sociais gera academias lotadas compartilhando corpos suados, gera restaurantes cujos clientes estão mais preocupados em postar os pratos do que apreciá-los, gera lugares paradisíacos que poderiam ser mais bem explorados se a pessoa não se ocupasse dos tantos vídeos para compartilhar. Essas coisas e outras muitas são transitórias e podem até ser importantes para a pessoa. Mas ao amadurecer rumo à parte de cima do X, como já foi seu caso tão precocemente, ela vai entender outras necessidades ligadas às próprias raízes. Você entendeu o conceito. Vamos almoçar!

Terminamos assim a gravação desse dia, que agora se transforma em texto para formar mais um capítulo do resgate. Caminhamos rumo ao almoço preparado por Jô que tão bem cheirava do lado de fora da casa. Eu ia refletindo na organização dos capítulos e o mestre parece ter lido meus pensamentos, pois me trouxe de volta.

— Pai, com base no que ensinou, depois você decide os próximos capítulos. Agora, vamos almoçar. Se a mãe perguntar como foi nosso trabalho hoje, já sei até o que responder.

— E o que seria?

— Vou dizer assim: *"foi muito legal, mas já está no passado, agora vamos falar do presente, que essa comida está cheirosa demais".*

Quando encontramos a Jô finalizando os pratos, estávamos eu e o mestre aos risos. Ela até fez menção de perguntar do que, mas acabou adivinhando uma parte.

— Nem precisam contar, já sei que estão rindo de algo que concluíram com o resgate de todos os tempos. Como foi o trabalho no livro hoje?

Mais uma vez sorrimos, explicamos à Jô o que tínhamos acabado de dizer do lado de fora da casa, e o mestre contou o que havia planejado responder.

Jô terminou sorrindo também porque assim é a arte de sorrir, contagiante...

CAPÍTULO 5

5 O "X" LIBERTANDO A MENTE

Estávamos entusiasmados, tanto eu quanto o mestre. Não conseguimos esperar a chegada do fim de semana seguinte.

Assim que identificamos uma brecha nos estudos do mestre, deixei a nossa empresa como deve ser qualquer empreendimento, caminhando com as pessoas que contratamos e confiamos. Brincando com nosso time, disse a eles:

— Deem seu melhor porque eu e o mestre estamos também fazendo o melhor possível, criando uma obra que pode ajudar muita gente a se entender, a se relacionar melhor consigo, com a família e com os demais.

— Conte mais detalhes para nós. Como será o livro? – perguntou uma colaboradora.

Ao que respondi:

— Aí é que está o "X da questão". Logo vocês terão acesso ao resgate de todos os tempos...

Um dos nossos colaboradores, brincando, protestou.

— Como assim, bichão? Vai ficar aí todo enigmático. Qual é o X da questão, afinal?

— Eu já respondi, vocês só não perceberam. Não se preocupem. No ritmo que eu e o mestre estamos, vamos concluir em algumas semanas.

Cumprimentei a todos e saí. Quando olhei para trás, vi a curiosidade estampada no semblante de cada um e fiquei feliz por isso, afinal venho percebendo que a ausência de curiosidade também pode deixar as pessoas meio repetitivas em relação aos comportamentos e às escolhas.

Ao chegar em casa, encostei o carro e vi o mestre posicionado onde gostávamos de trabalhar, no jardim que ocupa nossa casa numa perspectiva de 360 graus, em contato com a natureza. Precisei de poucos minutos para entrar, colocar uma roupa mais leve e me juntar a ele.

— Vejo que está a postos.

— E fazendo anotações para o novo capítulo.

— Pois é, mestre. Lembra quando eu comentei aquele momento em que seriam os últimos quatro meses de muleta da minha vida, durante a fase de recuperação da cirurgia que, em tese, extrairia minha perna e, na prática, me deu uma chance que mudou tudo?

— Claro que sim. Não tem como esquecer.

— Então. Espero que consigamos fazer o mesmo agora, oferecendo possibilidades pelo eixo do "X", para que nosso leitor também possa abandonar as muletas emocionais ou culturais que o trouxeram até esse momento.

— E nesse caso, que muletas seriam essas, pai?

— Podem ser várias. Por exemplo, às vezes a pessoa se forma em algo e se transforma naquilo, deixando de lado a própria natureza. Você vai ouvir muita gente dizer "eu sou médico", "eu sou advogado", "eu sou empreendedor", mas ao perguntar para essa pessoa *"quem é você além da sua formação acadêmica, além das coisas que aprendeu na vida, além daquilo que aprendeu com os pais? Quem é você de verdade, quem é você por essência?"*, sabe o que costuma acontecer?

— A pessoa não sabe responder?

— Saber, no fundo, sabe. No entanto, dragada pelas demandas do dia a dia, ela só se lembra do que está no raso, de sua formação acadêmica, suas rotinas, sua posição na sociedade, na empresa etc.

— É uma questão profunda a se responder, não?

— Mestre, a resposta é o que garante a nossa característica mais especial, a unicidade. Não existem duas pessoas com a mesma impressão digital, nem com a mesma arcada dentária. O ser humano foi criado para ser único, mas quando se apega àquilo que aprendeu a ser, àquilo que foi doutrinado a ser, acaba se esquecendo de questionar e exercer o que está em suas raízes, em sua origem. Por trás de um profissional, por exemplo, há um pai que às vezes se vê tão agarrado à empresa e às demandas, que se esquece da dádiva de ser pai, pois está usando a mais comum das muletas e diz: *"estou trabalhando tanto, que não tem sobrado tempo nem para a família"*. Esse é apenas um exemplo. Muitas muletas podem ser adotadas em determinada fase da vida, razão pela qual o nosso próximo merece despertar, mudar o que precisa ser mudado.

— É como se até aqui o leitor tivesse feito o curso básico do resgate e agora entrasse na parte mais avançada?

— Agora, a pessoa já se conhece pela perspectiva que distingue egoístas e egocêntricos, assim como aprendeu a conhecer melhor seus próximos. É hora de dar mais um passo rumo à própria direção, para dentro, para o núcleo do ser, para se entender como ser humano que é.

— Interessante. Então, estamos mesmo saindo da fase inicial para uma fase mais avançada.

— A nossa existência não é exatamente assim, mestre? Em qualquer área, a vida vai naturalmente do básico ao avançado. O broto da planta é o primeiro sinal básico de que existe saúde para vingar. Adiante, o sinal avançado a partir daquele broto se transforma em flor e fruto. O feto vive o conforto básico do ventre, depois experimenta a infância e adolescência que poderíamos chamar de fase intermediária. Em seguida, vem a fase avançada que prevê a necessidade de reconhecer suas raízes e seus valores, para saber relacionar-se com pessoas em vários quesitos: amar, conviver, trabalhar, socializar, gerar sua contribuição.

— Pai, se eu estiver bem lembrado do que aprendi no meio dessa caminhada, a gente precisa usar as ferramentas, os tais recursos que todo ser humano precisa para mudar de estágio.

— É mais ou menos isso. O resgate de todos os tempos prevê que cada passo na vida retrate mais um degrau conquistado, mais uma experiência que foi agregada a tantas outras. Ao ser humano cabe a escolha entre caminhar cego e preso à rotina, ou caminhar consciente, lembrando de quem ele é, de onde veio, das coisas boas que aprendeu. Mas se ficar difícil para o leitor caminhar sozinho nessas mudanças e com esses recursos, mestre, vamos juntos, subindo cada degrau e aplicando, colocando em prática tudo o que se aprendeu até agora. E sim, nesse sentido você está certo, todas as ferramentas serão necessárias. Afinal, a cada passo positivo para eliminar o que nos prende a um passado marcado por limitações, mágoas ou resultados que consideramos indesejáveis, algum novo recurso aprendido deve ser usado. Lembre-se sempre disso, mestre: não se muda uma planta de lugar sem uma cavadeira articulada para cavar em volta com cuidado, sem machucar demais suas raízes. Da mesma maneira, não é saudável para o ser humano mudar "da água para o vinho". Se a mudança é desejada, deve ser dado um passo de cada vez, usando um recurso para cada demanda.

— Sem esquecer de ficar no presente, sem ficar vivendo com o lema *"ah, como era bom no meu tempo"*. Certo?

— Concordo totalmente. O ideal é alvejar um futuro mais promissor com a própria pessoa, num primeiro plano. Isso porque muita gente quer melhorar de vida e fica tentando buscar do lado de fora uma prosperidade que só pode ser encontrada no lado de dentro. Em outras palavras, se a pessoa não estiver bem por dentro, não adianta tentar o sucesso, a prosperidade, ou como se prefira chamar.

— Numa comparação meio "nada a ver", é tipo aquele conceito da máscara no avião que se despressuriza? Acho que a orientação é colocar a máscara primeiro em si e, só depois disso, ajudar a pessoa do banco ao lado, que talvez esteja em dificuldades.

— Pelo contrário, a sua analogia tem tudo a ver. No caso do "X da questão", antes de **se ajudar**, a pessoa precisa **se conhecer** e, antes de ajudar alguém, precisa saber o que possui de recursos para tal e como pode ajudar. Em resumo, mestre, nessa fase de nossa obra começa um caminho de desprender-se, de deixar ir, de se libertar, de limpar arestas, de começar a ficar e focar no que realmente interessa, momento em que tudo flui.

— Eu me lembro dessa parte que você ensinou: ficar com o que serve, lapidar o que precisa, construir o que é necessário e ainda não possui, deixando ir o que realmente atrapalha.

— Exato. Você entendeu o resgate de uma forma impressionante. Aquilo que acertadamente batizou como "fase avançada" agora se explica: não vai ser fácil, precisamos ser francos. Toda vez que a pessoa descobre um novo potencial, um novo recurso dentro de si, a primeira reação é se assustar, ficar com medo de usar, preferir manter a descoberta ali, quieta, sem mudar nada. Chegou a hora de irmos juntos com o leitor para atravessar essa tempestade das transformações, com a coragem necessária para usar e praticar o que aprendeu. Apesar de não ser fácil, é possível, mas depende de uma necessidade indispensável. Vamos ver se você consegue captar.

— Essa necessidade seria a disciplina para praticar o que aprendeu?

— Isso também, porém eu me refiro a uma das mais difíceis ações para qualquer pessoa, acreditar em si, acreditar que é capaz de mudar o que não serve mais, acreditar que pode deixar ir, que merece desapegar. Por exemplo, se vasculhar um pouquinho que seja na internet, você vai se deparar com relatos de mulheres que sofreram abuso ou violência e, apesar disso, permaneceram casadas com o agressor. Claro que podemos entender. Muitas vezes, essa mulher teme não conseguir uma recolocação profissional, já que há anos pode ter ficado afastada do mercado em que atuava. Ou teme a incerteza de não saber como será sua vida sem o agressor. Ou teme o que as pessoas vão dizer da separação. Ou teme pelo futuro dos filhos sem o pai. E, assim, vai retroalimentando seus medos e um apego que só gera dor, violência e tristeza.

— Gostei do exemplo da vida real. Partindo de outra explicação sua, pai: a própria pessoa é a única que possui a chave de sua libertação.

— Exato. E tem mais um detalhe: nós vamos mostrar apenas o caminho e, a partir daí, a ação de prosseguir é do leitor.

— Ou seja, o papel do livro se resume a esclarecer.

— E resgatar. Assim, cada um pode mergulhar dentro de si do jeito que veio ao mundo: sozinho. Afinal, ninguém vai investigar o que está em sua essência e apontar: *"olha, aí dentro você está sentindo falta disto ou daquilo"*. Cabe a cada um fazer seu mergulho, mas vamos dar as bases, a sustentação rumo aos últimos degraus.

— Se por acaso o leitor tiver que retornar até o primeiro degrau para entender algo, seria um problema?

— Não. Um problema seria não reconhecer que algo precisa ser revisto. Dar um passo atrás muitas vezes é necessário para seguir caminhando firme e seguro. Então, mestre, imediatamente vamos apresentar o caminho estreito, o eixo do "X", que seria como uma espécie de linha de largada em que a pessoa sai do estado de limitação em busca do estado ilimitado. Compreende?

— Parece um pouco confuso pra mim, pai. Pode esclarecer um pouco mais?

— Posso sim porque sua dúvida talvez seja a mesma de outras pessoas. Nessa parte do resgate, a gente acaba descobrindo que eventuais frustrações são necessárias para o crescimento humano e, em muitos casos, sem essas frustrações jamais a pessoa chegará a ser forte o suficiente para suportar as muitas adversidades que, cedo ou tarde, virão por todos os lados e áreas da vida.

— Essa é a parte que talvez seja difícil para alguns. Mas eu me lembro de que no eixo tem a parte boa também, o benefício por trás desse, vamos dizer assim, sacrifício de aprender a lidar com as frustrações.

— Outra vez é como tudo na vida que vai de um polo a outro: ônus e bônus, negativo e positivo. A partir do eixo do "X", aprende-se a viver em estado de presença constante e sempre sob vigília. A cada dia tem-se a consciência de que esse dia é único, que deve ser aproveitado, que cada momento deve ser vivido porque o melhor presente da vida é estar presente, é estar aqui e agora, com saúde física e mental.

— Pai, não quero ser chato, mas daria pra desenhar? Eu tô gostando bastante, mas pode ser um pouco difícil para alguém.

— Gostei da ideia. Podemos e devemos, para facilitar o entendimento. Vamos projetar um "X" de forma que ocupe toda a página. No eixo do "X", uma linha traçada fará a divisão entre as partes superior e inferior. No espaço em branco, o leitor poderá fazer o exercício de acrescentar "onde se vê" e quais são seus sentimentos em relação ao finito e infinito da proposta.

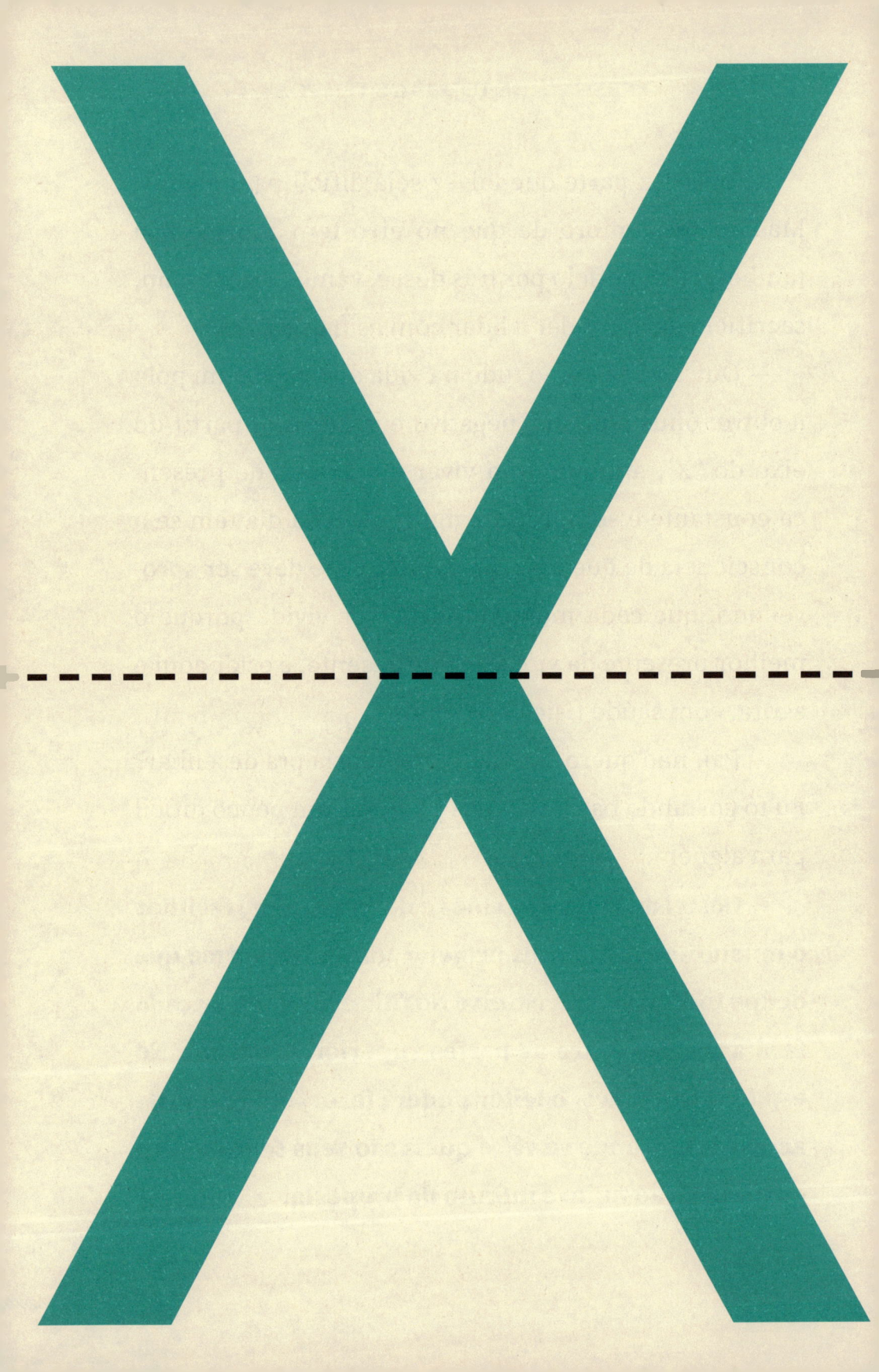

O mestre olhou para o alto, naquele gesto seu já conhecido, sugerindo que pensava em algo e estava prestes a trazer sua ideia. Naquele rápido instante, olhei bem para ele e me dei conta do voar dos anos.

O mestre, que há pouco era uma criança a nos surpreender com ideias e pensamentos de adulto, agora era um jovem que continuava surpreendendo, desta vez com ideias e pensamentos ainda mais amadurecidos. Enquanto eu o observava e devaneava em silêncio, ele levantou a cabeça e disparou:

— Tava aqui pensando...

— Percebi, você ficou distante uns bons dois minutos.

— É que refleti: percebe quanta coisa já trouxemos?

— Como assim?

— Pai, se o ser humano não se questionar a respeito de nada e só seguir sua vida, guiado por um emprego que talvez nem o faça feliz, vivendo uma vida marcada por escolhas que não fez, mas que foi só abraçando como se fossem dele...

O mestre parou e novamente olhou para cima, fazendo uma longa pausa. Percebi que a reflexão era profunda e esperei com paciência para não furtar aquele momento cognitivo. Depois de alguns segundos, continuou.

— Vamos pensar juntos, pai. Você ajudou o leitor a passar pelo desvendar de seu perfil egocêntrico ou egoísta, trouxe um bocado daquilo que um professor meu classifica como "reflexões bem profundas" e agora está elevando ainda mais o livre pensar que leva até as grandes transformações. É grande o que estamos fazendo aqui, não?

— Mestre, eu não exagerei quando disse que o ser humano pode e merece retirar quaisquer muletas que o trouxeram até aqui, restabelecendo a autonomia de sua vida, de suas decisões. Se formos exitosos e quero acreditar que seremos, a partir de agora vamos trazer também um caminhar a respeito de "até onde as crenças podem nos levar", ou seja, um caminho para ir da posição finita até a infinita. Uma posição predominante do EGO carnal para o EU espiritual, portanto, uma posição do visível ao invisível, ao intangível que realmente leva e eleva nossas ações, a sustentação de toda a nossa jornada.

— Agora só confirmo que eu estava certo quando disse que entraremos na parte avançada do resgate.

O RESGATE DE TODOS OS TEMPOS

Não é o tipo de coisa que a pessoa pensa todos os dias. Aliás, pai, eu nem me surpreenderia se alguém dissesse que tem 50, 60 ou 70 anos e jamais tenha refletido em algo profundo assim.

— Outro bom motivo para darmos o nosso melhor. Não é justo que a pessoa passe a vida inteira de olhos vendados para o que é importante: sua essência natural que conecta o dia a dia ao centro de sua existência, de modo que ela possa viver a vida que escolheu, e não uma vida imposta por circunstâncias. Você não acha?

— Sem dúvida, até porque se fosse depender das circunstâncias, hoje você estaria numa cadeira de rodas ou usaria uma prótese na perna.

— De fato. E veja que interessante, mestre: avançando no "X" por seu eixo, tomamos consciência do mundo e de tudo que nos rodeia, do ar que respiramos ao local que pisamos, dos "porquês" que há anos estão sem resposta, até o propósito maior que faz a pessoa feliz. É como assumir um estado de presença constante, momento em que a pessoa se aproxima da raiz do ser, um instante em que finalmente entende o que é "**ser**" humano. Então, vamos aprofundar os exercícios que o leitor pode fazer?

— Bora lá. O que sugere, pai?

— Se preferir, o leitor pode imprimir uma folha, fazer um "X" tal qual apresentamos com a figura anterior, e começar a anotar sua jornada diária, porém agora ciente de que a cada dia "morre" um ser carnal abaixo do eixo do "X" e cresce um ser espiritual na mesma proporção acima do eixo do "X". Em resumo, todos os dias evoluímos um pouquinho, um fragmento, uma porção. Se essa evolução não estiver acontecendo, aí está o indicativo de que o ser espiritual não vem recebendo espaço, está dominado pela rotina do ser carnal.

— Interessante pra caramba, pai. O que mais pode ser feito neste exercício?

— O leitor pode seguir subindo a escala do "X", consciente de que o lado superior não tem limite. Pode ser feito até o fim de seus dias por aqui. Agindo assim, a cada amanhecer poderá ver e aferir o quanto evoluiu como pessoa diante do mundo que deu a ele o maior de todos os presentes: a vida que ele experimenta diariamente.

— Bonito esse jeito de pensar e agir.

— Deixe-me te provocar com uma pergunta, mestre: por que a poesia e a música, por exemplo, ambas que representam os mais belos formatos de arte, não se mostram suficientes para tocar o coração do ser humano a ponto de fazê-lo mudar naquilo que o limita?

Ele ponderou um instante, aparentemente tentando investigar aonde eu queria chegar. Menos de um minuto depois, respondeu sua conclusão.

— Talvez porque a pessoa não goste de música, nem de poesia?

— Talvez mais do que isso. Esses formatos de arte mexem com o coração, despertam emoções, mas somente no momento em que temos contato com um belo poema, com uma música bem refinada e elaborada. Passado o efeito, retornamos ao *status* anterior de consciência. Já o "X" pode ser usado pelo leitor para medir sua melhora prática, por meio dessas anotações, fazendo desse "X" a luz capaz de iluminar seus caminhos, permitindo que esse "X" possa ser a bússola diária para seguir, continuar, continuar, continuar, continuar e simplesmente, continuar...

— A gente segue um fluxo ditado pelo patrão, pelas necessidades e rotinas. A diferença é que, com o "X" partindo do eixo, a pessoa pode determinar como será seu próprio fluxo. Confere?

— Você está atento, mestre, é isso. Cada ser humano merece achar seu eixo, seu caminho e sua verdade, critérios que jamais poderiam ser ditos por alguém. Por exemplo, no papel de seu pai, não tenho o direito de dizer a você: *"olha, só existe esta ou aquela verdade"*. Pelo contrário, eu quero mais é que você aprenda muitas coisas e questione o que aprendeu, se de fato faz sentido, se tem aplicação prática, se pode transformar positivamente sua vida, se contribui para o amadurecimento. Enfim, são muitos "se's" e, na minha humilde opinião, o "X" está aí, à disposição da humanidade, para ser usado e preencher a sensação de vazio tão comum que se vê.

— Pai, este livro deveria ser leitura obrigatória nas escolas. Ajudaria muitos jovens. Eu me lembro que dos 12 ou 13 anos em diante é tanta pergunta martelando na mente que a gente não sabe nem ao certo se deve fazer um esforço para responder à pergunta de ontem ou se deve deixá-la de lado para responder à pergunta que acaba de surgir.

— É até desejável que vocês jovens procurem respostas novas todos os dias, mestre. O problema é quando o ser humano deixa de fazer novas perguntas sobre a vida e a própria vida, e passa a viver de velhas respostas. Se isso acontece, significa que ele escolheu viver exclusivamente na base do "X", investindo o menor esforço possível para evoluir, se acostumando à realidade em que está preso. Isso explica aquelas situações, por exemplo, em que a pessoa detesta o emprego e, ao perguntar há quanto tempo ela está nessa ocupação da qual não gosta, você escuta "20 anos", "30 anos".

— Ela não gosta, mas não dá um passo para mudar, acabou se viciando em permanecer na base do "X". É isso?

— Você pegou o "gancho" do problema. O ser humano é capaz de se acostumar ao que está bom e ao que está ruim. Por isso, nosso objetivo está concentrado em ajudar nosso leitor a fazer o próprio diagnóstico, a curar suas incertezas, a se conhecer bem, a adotar o momento presente. Pensando e agindo assim, vamos da base ao intangível porque a vida passa a fazer sentido em toda a sua trajetória, enquanto aqui estiver, com saúde para viver, aprender e amadurecer. Pode-se dizer, então, que usando essas ferramentas com afinco e determinação, elas podem levar a pessoa ao contato com as verdades escondidas nas profundezas de seu ser. Por mais duras que sejam, são verdades curativas porque trazem a pessoa para o dia de hoje. Do contrário, se permanecem escondidas, a pessoa vive sempre com a cabeça *"no tempo que era bom"*, no tempo em que tinha contato com essas verdades do seu ser. Entende, filho?

— Compreendo sim. Muito interessante. É como transformar o complicado em simples.

— Mestre, não é segredo para ninguém que entender o ser humano talvez seja o maior de todos os desafios da própria humanidade. Nossa natureza é complexa e um dos papéis do "X" é simplificar essa compreensão, é mostrar que o complexo pode ser mais simples, desde que a pessoa permita se conhecer para depois conhecer o outro e viver melhor. O que muitos tentam fazer é o inverso: pouco se conhecem, mas juram que sabem tudo do outro, a ponto de tentarem interferir e guiar a vida desse outro que, é claro, não vai aceitar. Com esse resumo, estão explicados os principais motivos dos conflitos que retiram a saúde dos relacionamentos, sejam eles de amizade, afetivo-amorosos, profissionais ou de qualquer natureza.

— E por que o ser humano é assim tão complexo, pai? Alguém já conseguiu responder? Ou o próprio "X" poderia responder, já que está embasado pelo resgate de todos os tempos?

— É uma resposta que jamais vai surgir. Somos como somos e ponto final. Muita gente passa anos buscando respostas que não existem na prática. Mais importante do que saber "por que o ser humano é assim", é fazer o possível para nos resgatar daquilo que hoje incomoda. Em vez de tentar descobrir o que acontece com a "humanidade toda", é preciso descobrir o que acontece com a própria pessoa.

— Poderia dar um exemplo?

— Claro, mestre. A nossa natureza é errar até acertar porque não somos perfeitos, mas temos força física e emocional para recomeçar. Muitos sofrem com isso, ficam ansiosos, tentam viver à base de um perfeccionismo que não existe, tentam buscar respostas existenciais quando, na realidade, as respostas comportamentais bastam. O que eu quero dizer, filho, resumindo, é que vale muito mais a pena resolver, corrigir o que foi feito de errado, do que passar a vida tentando entender a origem da humanidade. De todo modo, gostei de sua pergunta porque ela indica que você não se conforma com respostas padronizadas e vai buscar as próprias convicções. O "X da questão" propõe isso, que você tenha disciplina para fazer e recomeçar, em vez de sofrer e se punir por um erro que pode ser reparado a partir do momento que mais importa, o agora.

— É tipo exercer mais protagonismo no dia a dia, pai?
— Aí é que está. Dado o tamanho da complexidade humana, o "X da questão" procura desmembrar respostas. O que estamos propondo com os exercícios é uma pequena análise que, se for seguida, poderá fazer toda a diferença por causa desse protagonismo. Afinal, é uma ferramenta para que qualquer ser vivo e pensante possa fazer seu diagnóstico a respeito de como está, como se vê no "X", como entender seu momento presente para dar seu melhor hoje em prol do futuro. É a chance que o sujeito tem para se tornar mestre da própria libertação, do próprio resgate de todos os tempos. Na prática, significa que você estava certo ao dizer que protagonizar a vida é a chave. Não se pode admitir que em pleno século XXI, com tanta informação disponível e a maior

parte delas gratuita, ainda existam coadjuvantes que compram ingresso para assistir à sua vida passando diante dos olhos, muitas vezes guiada por verdades ou convicções alheias.

— Bem que você disse lá no começo, pai. Não seria fácil, porém possível.

— Exato. Tudo o que aqui tratamos faz parte de nossa existência e temos que enfrentá-la tal qual se apresenta, às vezes desafiadora e difícil e outras, nem tanto. Gostando ou não, esse será sempre o caminho que temos a percorrer, faz parte das escolhas que fizemos em dois quesitos: pessoas e circunstâncias. Exceto pela família que nos gerou, escolhemos quem vamos amar, com o que e ao lado de quem vamos trabalhar. Portanto, o "X da questão" é inflexível nisto: precisamos aprender a nos relacionar com as pessoas que escolhemos e com as escolhas que fizemos.

— É impressão minha ou por mais que o "X" vá do eixo ao topo não há um passo que seja possível sem que a gente se conheça bem?

— Acredito que só os primeiros passos. De início, é compreensível que os primeiros passos sejam desordenados. Veja o bebê, que não sai por aí correndo antes de engatinhar e ensaiar as primeiras passadas. Nesse quesito, também o ser humano adulto necessita de prática para caminhar pelo "X". Porém, o "X da questão" não é diferente da vida. Observe que a vida pode tolerar os primeiros passos errados, mas à medida que ganhamos maturidade, a eficiência é exigida em todas as áreas, razão pela qual precisamos nos conhecer. A base de tudo, e nesse ponto sua análise está correta, é o autoconhecimento, pois sem base firme e transparente, nossos passos serão em falso. Continuaremos a seguir um destino que não foi traçado por nós, não seremos autores do enredo que é a nossa história, simplesmente estaremos como meros espectadores, vendo a vida passar a cada dia.

— Pai, nesses anos de colégio, eu já percebi que muitos colegas não gostam muito dessa palavra, como se "autoconhecimento" fosse algo a ser evitado. Em todas as ocasiões que tivemos alguma palestra sobre o tema, fiquei analisando isso. O palestrante vinha de fora, cheio de boa vontade, mas encontrava um tipo de resistência. Por que o tema é assim tão incômodo?

— A resistência que você viu, e parabéns por observar o comportamento das pessoas, é assim que a gente aprende muito, não é restrita aos mais jovens. Em todas as faixas etárias, é um assunto que mexe com o emocional. No fundo, a pessoa sabe que ao rever o que sabe a respeito de si, terá que lidar com algumas coisas que ela tem evitado há semanas, meses ou anos. O "X" deixa bem claro que, ao praticar o exercício do autoconhecimento, esse mesmo que sugerimos a partir do desenho, é preciso "se respeitar". Ao buscar as profundezas do autoconhecimento, vamos entender que não há espaço para julgamento, não cabe condenação, tampouco é necessário criar justificativas para o que tem acontecido. Basta reconhecer o que tem escolhido e assumir, passar a ser o que é e quem é verdadeiramente.

— E por acaso acha que somos capazes de escutar e olhar a vida sem fazer nenhuma interpretação?

— Essa foi uma excelente pergunta, mestre. A resposta é que não se trata de uma opção, nunca se tratou. É uma **necessidade**. Precisamos aprender a não julgar, condenar ou interpretar o que temos feito da vida e posso explicar o motivo. Ao se julgar, normalmente a pessoa é bem rígida e crítica. Ao se condenar, pior ainda. Ao justificar, procura relativizar, diminuir o impacto que suas escolhas geraram. Ou seja, nada disso faz bem. Mas se por outro lado aprende a investigar o autoconhecimento com neutralidade, apenas para diagnosticar o que está acontecendo e, a partir daí, passa a fazer escolhas que ela mesma considera mais assertivas, aí sim ela estará em movimento, do eixo ao topo do "X".

— Até que não parece tão difícil, pai. Dá a impressão de ser muito mais uma questão de se permitir do que uma questão de enfrentar dificuldades. Ou não?

— Pode até parecer, mas vale lembrar que a dificuldade dessa tarefa é cultural. Aprendemos assim. Não você, eu ou alguém específico. Pensando de forma macro, o formato de convívio social e educacional nos ensina desde cedo a comparar, justificar, condenar, julgar e avaliar. A criança vai à pré-escola e já aprende a comparar sua lancheira com a do amigo. O adolescente às vezes se preocupa mais em justificar sua resposta que gerou nota baixa do que aceitar o erro e se preparar melhor para a próxima. E assim seguimos, até a fase adulta.

— Então, pai, o negócio é aprender a "se observar" sem conflito? Vou falar a minha opinião: no meu caso, assim que aprendi o "X", essa parte foi ficando mais tranquila porque é como qualquer exercício. Quanto mais a gente vai praticando, mais natural e simples vai se tornando.

— É isso aí. Quando aprende a se observar, a leveza surge e o conflito interno chega ao fim. Tudo vai ficando mais suave até chegar a um ponto em que o observador e a coisa observada não existem mais, ambos se fundem como deve ser: um só ser que pensa bem, se conhece e faz as melhores escolhas assume as decisões mais produtivas para si e para os que estão em torno de sua vida. Esse é o poder do resgate de todos os tempos e está tudo aí, esperando para ser utilizado, armazenado na mente. Se tudo correr bem, espero que nosso leitor desperte para essa clareza.

— Vai dar certo. Parece que a mente foi criada como um labirinto e o "X" ajuda a mostrar saídas. Só eu vejo assim?

— É o seu jeito de ver e merece meu respeito, tem sentido. Todos nós somos sabedores, mestre, da grandeza humana. Sabemos que cada ser humano tem suas capacidades e limitações, então o labirinto que você citou existe sim. Por mais que estejamos aqui abrindo algumas portas para o resgate, outras tantas portas existem na mente e ainda não foram acessadas, estão aguardando acesso, em modo *stand-by*. Alguns têm a chave que abre essas portas, mas evitam usá-las. Outros perderam a chave pelo caminho. De todo modo, o ideal é abrirmos o máximo possível de portas porque uma mente fechada ao novo deixa a vida sempre atrasada, carente de resgate.

— Muito legal. Tudo o que está apresentado é como um portal da mente que vai liberando acessos, concordo com isso.

— Sim, e veja que o "X" pode levar a pessoa que deseja olhar para dentro de si até lugares bem mais promissores, de paz, de bem-estar físico e mental. Cada ser humano é singular. Perceber padrões em nossa espécie e romper possíveis padrões nocivos é o que nos ilumina rumo ao caminho de ampliar a percepção, de entender que existe muito mais do que podemos alcançar com nossos sentidos perceptuais. Há o invisível, para nos fazer aceitar mais do que querer controlar, principalmente no campo das relações afetivo-amorosas. Essa necessidade e fixação por controle, aliás, é a causa da maior parte das separações, mas isso é assunto para outro momento. Por falar nisso, você reparou que estamos aos poucos trazendo as questões mais subjetivas do "X"? Devagar e com cuidado, vamos apresentando as questões finitas e infinitas, visíveis e invisíveis, que fazem parte do resgate. Há um motivo para fazermos isso em doses homeopáticas. Você sabe qual é, mestre?

— Acho que sei. Talvez seja melhor, mais saudável e produtivo preparar o leitor aos poucos para as grandes transformações.

— Exatamente. Toda grande transformação, de início, tem potencial para trazer medo e hesitação. O papel do "X" é ajudar o ser humano a montar o quebra-cabeça de sua existência com segurança, então penso que estamos indo muito bem.

— Excelente, pai. Já sabe qual é o tema do próximo capítulo?

— Sei, mas desta vez vamos abrir mão do *spoiler* e fazer uma surpresa para o leitor. Sabe por quê?

— Se eu prestei atenção, pode ser por causa da curiosidade que você defendeu como uma das melhores qualidades do ser humano.

— Você está muito atento, mestre.

Subimos, pai e filho, para casa, felizes por mais aquela pequena missão cumprida, conscientes de que assim é a vida, um passo de cada vez a ser dado, um capítulo de cada vez a ser escrito, um perdão de cada vez a ser concedido, um abraço de cada vez a ser compartilhado.

CAPÍTULO 6

6 O "X" NA ÁREA DOS RELACIONAMENTOS

Na primavera, Petrópolis fica ainda mais charmosa, com uma mistura encantadora de tons envolvendo a flora. Nos trechos urbanos, o verde se mistura ao colorido das flores, exalando um perfume natural.

O mestre, como sempre, já à espera no jardim quando voltei da Open Sat após um longo dia dedicado àquilo que ajuda a preencher a completude da nossa vida, o trabalho.

— Decidiu qual será a abordagem do capítulo?

— Mestre, antes de mais nada, precisamos falar sobre o lugar em que vamos trabalhar amanhã. Vamos sair agora em viagem para uma estância balneária em São Paulo, no município de São Vicente. Segundo a previsão do tempo, a tarde de amanhã será ensolarada, com poucas nuvens na direção oposta de onde estaremos, na rampa de salto do Morro do Itararé. Se eu estiver certo, essa diferença de pressão na temperatura vai gerar um pôr do sol fantástico.

— O que estamos esperando? – perguntou ele todo animado, enquanto fechava seu notebook e se dirigia ao carro.

Seguimos numa animada conversa sobre coisas diversas. No dia seguinte, passeamos por São Vicente e subimos o morro de teleférico. Chegamos ao destino ao cair da tarde e descobrimos que tivemos sorte.

Os praticantes de voo livre também decidiram aproveitar a belíssima tarde e resolveram usar a rampa de salto para seu esporte.

Vimos vários deles se preparando, testando o equipamento, balizando a direção e a força do vento, ajustando a vela, gravando o pré-salto e, enfim, decolando como pássaros naquele entardecer ensolarado.

— Você escolheu bem. É um lugar inspirador.

— Concordo, mestre. Bem, você tinha perguntado sobre o assunto do capítulo. Andei pensando e sinto que devemos trazer exemplos práticos da vida cotidiana, assim a pessoa vai do micro ao macro, ou seja, leva seus micropensamentos e entendimentos teóricos a respeito do resgate de todos os tempos até a grandiosidade daquilo que é tão importante para vivermos bem: a qualidade de nossos relacionamentos. Isso vai dar ainda mais sustentação para que nosso leitor acolha as transformações que desejar em sua vida após o contato com o "X da questão".

— Gostei da escolha e, pra mim, está tudo ok. Com tantos casais que se separam todos os dias no país, esse seu exemplo pode ajudar muitos deles a se entenderem.

— Mestre, não apenas no Brasil. Acho que no mundo inteiro as pessoas têm dificuldade no relacionamento e sofrem com a tentativa de um entender o outro. Inclusive, pensei em trazer o exemplo de um casal cuja história se repete por aí aos montes. O nome é fictício, claro, Rafael e Márcia. O que acha?

— Pai, eu leio muito, acho que até acima da média se levarmos em conta a galera da minha faixa etária. Ainda assim, não me lembro de ter acessado algum livro como esse. Sei que ainda tenho muita obra para ler nesta vida, mas até onde vi acho que esse conteúdo é bem diferente, faz a gente pensar na vida como um todo, faz a pessoa pensar sobre como ela funciona e como o outro com quem ela se relaciona também age, acredita ou reage. Acho que está no caminho certo.

— Que bom. Na minha visão, antes de ingressar numa relação, a pessoa merece se conhecer e se aceitar. Sem isso, ela vai tentar fazer com que o outro preencha suas lacunas emocionais, comportamentais e até espirituais. Então, vejo que muitos lutam contra a própria história que os trouxe até aquele momento, e vão "tentando melhorar" uma história que já aconteceu. Em vez disso, aceitar essa história passada, colocando um ponto final nas emoções e nos sentimentos tóxicos que tem carregado é o ponto de partida para o resgate de todos os tempos, é a cicatrização das feridas, a partir da qual a pessoa estará pronta para começar uma relação, pronta para formar uma família harmoniosa. Não exatamente como aquela família do comercial de margarina, e sim uma família em que todos se respeitem e se amem como são, do jeitinho que são. Assim é o "X da questão" avançando para o topo: é preciso estancar feridas para avançar em busca de qualquer cura que a pessoa procure, ou da busca por evolução, a que todos somos submetidos diariamente, querendo ou não, conseguindo ou não.

— Isso explica por que algumas pessoas procuram culpar o marido ou a esposa pelos próprios resultados diante das coisas que deseja? Quer dizer, eu sou jovem, não assumi uma relação para saber se é exatamente isso, mas observo alguns casais que ficam se culpando por tudo. É mais ou menos assim?

— Cada pessoa, filho, merece entender que pode olhar para trás sem se ferir, sem ficar se lamentando, ciente de que outra história pode ser construída e contada a partir daquele dia, sendo que ninguém pode ser acusado pela cruz que até aquele instante vem carregando. Só a própria pessoa consegue produzir e colocar sobre os ombros alguns fardos que poderão ser transportados por anos. Muitas vezes, como é difícil carregar, ela tende a dividi-lo, culpando alguém, e como a pessoa mais próxima de sua vida é aquela que foi escolhida para namorar ou se casar, essa pessoa costuma ser o alvo de toda ou quase toda culpabilidade pelos resultados obtidos até ali.

— Tem o excesso também, ou não?

— Como assim?

— Minha dúvida, pai, é a seguinte: tem gente que se culpa ou culpa alguém por não ter conseguido o que queria, mas há os que fazem o mesmo quando acham que conseguiram muito mais do que queriam e, agora, deixaram de ter tempo para outras coisas importantes. Eu já vi gente reclamando a respeito disso, de empresários que conquistaram muita coisa e ficaram reféns disso, sem tempo para dar atenção às outras áreas da vida.

— É da natureza humana viver essa dicotomia, ora lamentando a escassez que traz privações em diversas frentes, ora lamentando o excesso que, pasme, também gera privações. Isso explica, por exemplo, artistas, empresários, atletas que estão no auge da carreira e outras profissões em que a pessoa conquistou tudo o que desejava, mas acabou enfrentando uma depressão ou algo pior. Ou, em outras situações, a pessoa que não soube lidar com suas conquistas, não consegue engatar uma relação duradoura, não dá conta de entender os outros, tampouco de se entender, como se tivesse **apenas** dinheiro, entende?

— Entendi, ficou bem claro.

— Feita essa introdução, filho, voltemos aos relacionamentos que serão encenados pelos personagens Rafael e Marcia. Que tal?

— Oba, estava ansioso por esse exemplo.

— Agora que nosso leitor está familiarizado com os perfis, vamos entender que nossos dois personagens são de natureza egocêntrica. O casal se conheceu, se apaixonou e se casou numa curta janela de seis meses. Não demorou e Marcia engravidou. Lembremos um detalhe. Tanto ele quanto ela tiveram relacionamentos anteriores, mas só esse se transformou em casamento porque ficaram encantados "pelas semelhanças" que tinham.

— Nossa, já até imagino o ringue em que se posicionaram.

— Não é longe disso, mestre. A relação deles vai ser intensa porque o egocêntrico tem um primitivo e natural desejo de dominar. Quando há dois deles num relacionamento, ambos começam a fazer o que fazem as feras na natureza: desbravar, conquistar terreno, expandir e dominar territórios específicos da relação. Cada um procura ditar as regras da casa, como preferem tudo, o que esperam, o que não toleram e assim por diante.

— Outra vez, a natureza se encaixa na exemplificação, com o lance das feras que comentou.

— Sim, está tudo ligado, somos espiritualmente conectados a tudo o que acontece de maneira natural, com a diferença de que nosso mecanismo de pensar é mais sofisticado em relação aos demais seres. Nossa mente, nesse sentido, foi privilegiada. Voltando ao casal, vamos nos lembrar de que o egoísta fala o que pensa sem "pisar em ovos". Já os dois egocêntricos Rafael e Marcia procuram medir o impacto do que dizem, procuram fantasiar um pouco e são menos diretos, verificando com antecedência seus argumentos. Com dois assim sob o mesmo teto, a comunicação se torna pouco espontânea, cada qual calculando o que vai dizer. Às vezes, até evitam falar o que pensam, com receio do impacto.

— A chance de se cansarem deve ser grande, imagino. É como se cada um dessa relação estivesse "vivendo com o inimigo"?

— Não, mestre. É um pouquinho mais complicado. Cada um está vivendo com seu igual, o que é muito mais difícil porque eles têm muito em comum. Desde as coisas simples, até os gostos e as preferências de roupa, tendem a escolher tudo parecido. Se você abrir a porta do armário de roupas de um e do outro, só para exemplificar, provavelmente vai se deparar com uma escala de cores quase idêntica.

— Pai, será por isso que alguns casais dizem coisas do tipo "a gente é igualzinho em tudo" ou "somos almas gêmeas"?

— Dizem isso e outras coisas.

— É possível uma relação assim dar certo?

— É sim, porém a chance de desgaste também é grande. É uma relação delicada, sujeita à intensidade, às turbulências e aos atritos, dada a semelhança das personalidades. O ideal, caso realmente queiram ficar juntos apesar dos constantes atritos, é que sejam empáticos e tolerantes ao máximo. Sem essas duas características, a relação deles faz como o Baixinho que apresentei noutro capítulo: empaca. Numa comparação, não é nada fácil para o gêmeo conviver com seu irmão idêntico. Contudo, pelo menos os irmãos gêmeos têm um amor incondicional, uma ligação de sangue. No caso de Rafael e Marcia, o casamento foi condicionado e marcado por uma semelhança sem parentesco, acontecendo em um nível de personalidade. Agora, imagine, mestre: nove meses à frente nasce a filha de Maria, que eles batizam como Eduarda. Necessariamente, Eduarda terá perfil egocêntrico. A relação entre dois iguais, que não era nada simples de ser administrada, agora conta com uma terceira pessoa com gostos, perfil, preferências, estilo, personalidade: tudo parecido.

— E, afinal, quais seriam as dificuldades para lidar com essa criança?

— Bem, vamos entender que temos três egocêntricos sob o mesmo teto. Eduarda terá dificuldades com os pais desde cedo. Da fase de criança até a adolescência, seguindo sua natureza egocêntrica, Eduarda também vai tentar se impor, declarar suas vontades e verdades, firmar seu pequeno território num lugar que já é ocupado e dominado por dois egocêntricos.

— Traduzindo, Eduarda vai lutar por um espaço de aceitação dentro da própria família do jeito que ela é. Seria isso?

— Sim, e vai lutar com unhas e dentes pelo território, vai ser aquela típica criança que grita, tenta se impor e não aceita o "não" como resposta. Seus pais vão tentar, de várias formas e muitas vezes, ditar "como Eduarda deve ser", "quem ela deve se tornar", "o que ela precisa fazer", "a necessidade de ela obedecer" etc. Assim, como não existirão argumentos dissonantes, já que pai e mãe pensam e agem com a mesma intensidade da filha, ficará difícil para Eduarda simplesmente entender e obedecer às cegas. O conflito será inevitável da idade infantil até a idade adulta, a menos que Rafael e Marcia entendam tudo isso e se tornem pais um pouco mais tolerantes, empáticos e bem preparados.

— Numa situação assim, o que seria recomendável para os pais dela?

— Sem dúvida, precisarão de muita flexibilidade para entender a criança que trouxeram ao mundo, além de muito empenho para que cada um deles se conheça, mestre. Para uma relação assim ir adiante, é preciso aceitar a história turbulenta que viveram até ali, e decidir que, a partir de hoje, em vez de dominar territórios e tentar impor suas regras e vontades sobre o outro, é chegado o momento de amadurecer, de passar a ouvir e respeitar o outro, conceder alguns espaços, entender que é mais importante ser feliz do que decidir 100% da relação, compreender que não é necessário ter razão em tudo. Se assim fizerem, Eduarda terá um bom exemplo para aprender a conviver com seus pais que ela própria tanto critica e que, no fundo, são exatamente como ela, algo que provavelmente Eduarda só vai descobrir na fase adulta, quando amadurecer e evoluir. Usando a mesma analogia da natureza, Eduarda é o fruto que nosso leitor já conhece, nasce verde e vai amadurecendo. A árvore não exige que seu fruto amadureça da noite para o dia, ela instintivamente sabe que seu fruto precisa de tempo e vai nutrindo-o, abastecendo-o com o que é vital. Assim devem agir Rafael e Marcia, entendendo que a filha precisará de tempo, porém impondo limites para que ela se mantenha na posição de filha, pois tenha certeza, mestre: assim como faz, um dia, o pequeno lobo em uma matilha, Eduarda também vai tentar ser a Alpha naquele lar, é de seu instinto.

— Interessante avaliar o resgate de todos os tempos na prática, pai. E quando Eduarda crescer, chegar à fase de namoro e tudo o mais? Novos problemas na relação com os pais virão, ou as coisas tendem a se ajeitar?

— Veja, quando chegar à idade do namoro, Eduarda, que conviveu toda a sua vida ao lado de duas pessoas egocêntricas e parecidas com ela própria, por tendência natural vai buscar seu oposto, vai se identificar com uma pessoa de perfil egoísta, justamente em busca do diferente, do seu "contrário". Ao encontrar esse suposto primeiro amor, Eduarda talvez mergulhe de cabeça, apostando tudo no novo relacionamento porque ela busca essa "novidade", que realmente só pode ser encontrada em seu oposto.

— Até porque, se eu entendi o "X da questão" no resgate de todos os tempos, esse egoísta vai ser mais compreensivo com ela.

— Mais ainda, mestre. Além de compreendê-la, seu namorado egoísta vai proporcionar, aos olhos de Eduarda, a aceitação dela "do jeito que ela é", por sinal uma aceitação que a moça buscou desde a infância em casa, sem sucesso, pois sempre que tentou impor suas convicções, foi cerceada desse direito e obrigada a viver conforme as diretrizes dos outros egocêntricos daquele "território". Se a relação caminhar bem, podem até se casar. Mas se por algum motivo isso não acontecer, Eduarda vai ficar sem chão, porque há de pensar "quando finalmente encontro alguém que me entende e aceita, perco essa pessoa".

— Complicado, pai. É como se Eduarda tivesse passado sua vida inteira oprimida.

— Sim, mas de uma forma não proposital. Os anos vão se passando e os pais de mesmo perfil não percebem o que estão fazendo. Pelo contrário, fazem aquilo que conversamos na introdução: procuram culpar Eduarda pela desarmonia na família. Saindo do lar deles e pensando em qualquer outra família, é por aí que começam os julgamentos desrespeitosos que não agregam nada.

— Do tipo "você acha que sabe alguma coisa da vida, mas não passa de uma criança"?

— Desse tipo. Ou, no caso do filho homem, esses pais podem dizer "você é um moleque". Se avançar esse desrespeito, podem chegar a dizer "você não vai ser ninguém nessa vida porque não sabe obedecer" e assim por diante. Voltando ao exemplo de Eduarda, outro perigo existe e deve ser mencionado. Sabe por que os jovens acabam se envolvendo com drogas, filho?

— Eu me lembro de ouvi-lo dizer que são muitas razões, mas a principal é que o grupo das drogas costuma acolher o novo usuário.

— Isso mesmo, você lembrou bem. Vejamos outro exemplo. Eduarda encontra na faculdade um grupo de novas amigas "opostas", portanto de perfis que atraem Eduarda. Vamos supor que essas amigas egoístas estejam envolvidas com drogas. Aos olhos de Eduarda, isso não importa. *Afinal, o problema das drogas é delas* – pensa Eduarda. O que importa, aos olhos de nossa personagem, é que suas amigas a aceitam sem criticar nada em seu jeito. Com o tempo, Eduarda pode repetir a escolha que fez com seu primeiro namorado e se jogar de cabeça nessa relação de amizade, incluindo a "irmandade" no uso de drogas para "pertencer", para fazer parte daquele grupo.

— Vamos supor, pai, que isso realmente aconteça. Como Rafael e Marcia vão lidar com a filha envolvida com drogas?

— Por tendência, vão repetir entre eles aquela típica pergunta *"o que nós fizemos de tão errado?"*. Quando a situação chega a um estágio desses, outra tendência é a separação porque vão entrar numa espiral acusatória, dia e noite um deles vai culpar o outro por aquilo que fez ou deixou de fazer e que, na mente de Marcia e de Rafael, resultou na filha envolvida com narcóticos.

— Pode-se dizer, pai, que tudo isso seria evitado se eles entendessem como são por dentro, e procurassem entender como é a filha que geraram?

— Esse é o legado do resgate de todos os tempos e seu principal recurso, o "X da questão". No eixo do "X", estão os que simplesmente não aceitam a pessoa que amam como ela é, e ficam tentando mudá-la, ou não aceitam o filho que criaram e ficam tentando moldá-lo ao que consideram o modelo de "filho ideal". Nem Rafael nem Marcia entenderam a própria essência, não vasculharam as informações disponíveis em seu estoque de autoconhecimento.

— Está falando da mente?

— Sim, sem dúvida. Daí surge uma lógica perversa. Se os pais sequer conseguem se entender, que esforço farão para entender os filhos muito além do que eles mostram, fazem ou dizem? Eduarda nasceu egocêntrica e os pais tentaram transformá-la em egoísta, em vez de permitirem que ela simplesmente pudesse ser quem é. Perceba, filho, que não é assim tão difícil quando se entende e se coloca em prática.

— O maior desafio, pelo menos me parece, é olhar e respeitar o outro conforme ele é, sem fazer esforço para mudá-lo ou, como disse há pouco, sem moldá-lo.

— Se isso ficar claro, o nosso livro terá cumprido outro relevante papel. Você não precisa ir muito longe para escutar alguns pais dizendo coisas que mostram como o relacionamento entre eles e seus filhos está desgastado. Chegam até a supor que à base de hierarquia terão filhos obedientes, o que é um engano. Essas frases são mais ou menos assim:

"Filho meu tem mais é que obedecer e ficar quieto."

"Vai ser do meu jeito e somente quando ela for dona do próprio nariz poderá viver como preferir."

"Enquanto eu pagar as contas desta casa, filho meu precisa guardar o que sabe e fazer o que eu mando."

— É uma mais forte do que a outra.

— E nenhuma funciona. Seja o filho egoísta ou egocêntrico, é preciso escutá-lo e entendê-lo com respeito antes de ditar as regras. Nos séculos anteriores, os pais conseguiam um suposto respeito dos filhos à base de pancada, mas era uma ilusão, um falso respeito. O que conquistavam com isso era apenas o medo. O mundo mudou e a maioria dos pais não agride mais as crianças, porém ainda tenta transformá-las, quando o mais saudável é entendê-las, aceitá-las como são, ensinar sobre aquilo que pode e deve ser melhorado, sem jamais tentar fazer com que o filho se pareça ou se comporte como o sobrinho que esse pai ou essa mãe admira, por exemplo. Se a criança gosta de roupas mais coloridas, respeitar o gosto dela é mais saudável do que impor cores sólidas que só atendem ao gosto dos próprios pais. Se a criança prefere música clássica, flexibilizar o próprio gosto e escutar os clássicos com ela de vez em quando é muito mais interessante do que fazê-la perder aquilo que na mente desse pai ou dessa mãe é "gosto de velho". Entende a profundidade disso tudo?

— Entendo sim. Vi isso na prática em toda minha formação educacional e ainda vejo com tudo o que aprendemos juntos. O que está compartilhado no livro é um fragmento da nossa vida, que não é perfeita nem deveria ser, mas é marcada por amor e respeito, como sempre foi.

— É isso aí, filho.

— E quanto ao próximo e último capítulo?

— Bem, nós já oferecemos uma boa base teórica e exemplos práticos que acontecem com frequência. Quero trazer ainda mais algumas situações do convívio para o leitor aumentar as chances de resgatar a própria essência. Estamos num bom caminho, concorda?

— Na minha opinião, Rafael e Marcia mostraram o que acontece de modo geral. Já a Eduarda trouxe uma visão mais didática dos relacionamentos entre pais e filhos. Portanto, sim, eu conc...

Antes que o mestre dissesse "concordo", fiz um gesto para ele parar. Olhei para o horizonte e o astro-rei se encaminhava ao seu diário repousar.

O mestre, que nesse momento estava de lado e voltado para mim, virou-se para ver o que havia chamado minha atenção e se deparou com ele em tom amarelo-ouro, majestoso, se deitando.

Olhei em volta e os praticantes do voo livre também estavam parados, todos com as velas dos parapentes em solo, contemplando aquele mágico pôr do sol que se misturava em tons de amarelo, de um vermelho esfumado e um azul que ia dos tons turquesa ao celeste. Ninguém dizia uma palavra sequer e, de fato, nada precisava ser dito.

Quando acabou o espetáculo natural e o astro-rei desapareceu entre as nuvens, o mestre fez a sua observação.

— Você estava certo ao prever. Foi um pôr do sol e tanto. Obrigado por me trazer aqui, pai!

Levantamos e caminhamos juntos, deixando ali um pouco da nossa essência e levando dali duas coisas muito interessantes.

A primeira delas, mais um tijolo no fortalecimento da relação entre pai e filho, erguida desde que ele nasceu. A segunda, mais um capítulo do resgate, que agora dividimos com a sincera esperança de que possa ajudar você a entender melhor a área dos relacionamentos, tão valorosa na existência de todos nós.

Muito obrigado por nos acompanhar até aqui e, por favor, fique conosco, pois a obra se encaminha ao término, mas ainda temos, o mestre e eu, por meio do "X da questão", detalhes importantes a partilhar, em prol de sua vida, da vida daqueles que você ama e do resgate de todos os tempos.

CAPÍTULO 7

7 O PAPEL DO "X" NA CARREIRA

O nosso último encontro para finalizar a obra aconteceu no jardim de casa, ao ar livre e puro de Petrópolis, numa hora que eu considero de muita paz, a noite avançada, perto da meia-noite. Com as demandas de agenda, somente nessa hora mais inusitada eu e ele conseguimos um tempo livre.

Durante as noites de céu limpo e lua cheia, exatamente como aquela que brilhava acima de nós dois, o céu de Petrópolis fica particularmente mais bonito porque é possível contemplar um número bem maior de estrelas.

Além do espetáculo que a lua e as estrelas nos ofereciam como cenário para o derradeiro capítulo, ainda tínhamos as tantas flores que exalam seu perfume à noite e, quando partilhei isso ao mestre, ele logo questionou.

— Especificamente, à noite?

— Algumas delas sim, como o jasmim e a dama-da-noite, só para exemplificar. Isso nos faz pensar, mestre, na magia da noite, que inspirou tantos poetas, músicos, compositores, artistas em geral. Da natureza em que tudo é perfeito até nosso intelecto, Deus caprichou em tudo durante o dia e a noite, mas nossos olhos ficam mais atentos ao que veem durante o dia. Como se fosse uma espécie de instinto primitivo, à noite nos guardamos dentro do lar em busca de descanso e proteção.

— Por que "primitivo", pai?

— Desde os tempos das cavernas, o homem procura se entocar à noite para proteger a família dos perigos. Naquela época, a maior preocupação eram as feras predadoras. Hoje, seja no Rio de Janeiro ou em qualquer grande capital, a violência da noite é que cumpre esse papel de fazer a gente "se encavernar". Mas é só uma reflexão sobre nosso comportamento.

— Pai, não quero fazer *merchan*, mas a nossa Open Sat nasceu justamente para oferecer segurança às pessoas neste mundo de insegurança que vivemos.

— Exatamente, por isso gosto tanto da área que escolhi. É gratificante zelar pela vida e pelo bem-estar das pessoas. Vamos ao "X"?

— Sim, inclusive já na reta final, cruzando a linha de chegada.

— Olha, filho, se nós conseguirmos entrar na casa do leitor para abrandar um pouco da dor que ele sofre por se conhecer pouco, por viver num mundo que o força a ser ansioso, eu diria que essa figura de linguagem que você usou, da linha de chegada, fará todo sentido representada pelo lar do leitor.

— Por falar em leitor, a despedida não poderia ser a respeito de outro tema. Gostei da sua escolha.

— Pois é, o resgate precisa mesmo visitar cada área da vida usando a principal ferramenta, o "X da questão". Porém, antes de olharmos para a carreira, é preciso avaliar a composição familiar de quem está buscando êxito profissional, porque fará toda diferença ver de onde a pessoa veio, como foi criada e, principalmente, **se conseguiu ser quem ela é de verdade**, em vez de viver uma vida de comportamentos impostos, como já vimos em outros exemplos.

— E vamos fazer da mesma forma, exemplificando com personagens?

— Eu gostei do modelo, e você?

— Pai, eu adorei, é fácil de entender e acho que o leitor consegue transformar teoria em prática quanto aos pontos que são mais importantes para ele.

— Então, vamos ao exemplo de um casal que chamaremos de Marcos e Adriana, que tem três filhos. Ele é de perfil egocêntrico. Ela, de perfil egoísta.

— Vai ser interessante para o leitor estudar. Quantos anos tem o casal?

— Mestre, ambos estão vivenciando a fase mais vibrante da relação, cada qual em torno de 25 anos. De comum acordo, ele está batalhando na carreira e ela, desde a chegada do primeiro filho, optou por ficar em casa e cuidar das crianças. Vamos entender os filhos deles?

— É o que estou esperando.

— O primeiro filho de Marcos e Adriana se chama Arthur e saiu à mãe, tem perfil egoísta. A segunda filha do casal se chama Débora e saiu ao pai, de natureza egocêntrica. Já o terceiro filho, Lucas, teria o mesmo perfil do filho número 1, que é o Arthur e assim, seria egoísta como sua mãe. Mas houve uma intercorrência no processo de parto. No sétimo mês de gestação, Lucas veio à luz às pressas, mas não sobreviveu. Então, vencido o processo de luto, alguns poucos anos à frente nasceu o quarto filho, Luiz. Pela ordem natural das coisas, sendo o quarto, Luiz nasce também com a mesma natureza egocêntrica da irmã Débora, e de seu pai.

— Então, é possível resumir?
— É sim.

FAMÍLIA	POSIÇÃO	PERFIL
Marcos	Pai	Egocêntrico
Adriana	Mãe	Egoísta
Arthur	Filho 1	Egoísta
Débora	Filho 2	Egocêntrica
Lucas	Filho 3 - *in memoriam*	Egoísta
Luiz	Filho 4	Egocêntrico

— Até aqui tudo bem?
— Agora ficou mais fácil, pai. Pode continuar.
— Observe que é como aquele modelo bíblico. Numa casa com cinco pessoas, será dividido dois contra três, e três contra dois.

— Divididos sob o ponto de vista da oposição mesmo, certo?

— Isso mesmo. Arthur, o mais velho, tem por natureza as características egoístas da mãe, por isso também de maneira natural tende a buscar seu oposto.

— Ou seja, ele vai querer ser como o pai.

— Você está atento, mestre. Ele vai buscar o pai como exemplo. Nem fisicamente, no entanto, se parecerá com Marcos. Do estilo de se vestir ao jeito relaxado de ser, parecerá com sua mãe. Quando chegar o momento crucial de escolher uma profissão e dedicar-se a ela rumo a um futuro promissor, será necessário muito autoconhecimento para viver a própria vida tal qual é, em vez de tentar ser como alguém que é seu oposto.

— Se bem entendi, Arthur vê no pai de perfil egocêntrico um estilo que parece ideal para **conviver**, mas ele pode acabar confundindo e tentar **ser** como o pai. Por exemplo, se Arthur tentar ser mais sério e moderado para se comunicar, já deixará de ser o Arthur natural, que se comunica com leveza. Assim, pode ficar mais difícil ir mais longe na carreira porque até na entrevista Arthur vai "encenar" um personagem. Tem sentido?

— Você tocou num ponto que merece nosso debruçar, mestre. Para ir mais longe, é preciso entender o que está perto, ou seja, aceitar-se do jeito que é, pagar o preço de resgatar a própria identidade.

— Por pagar o preço, podemos entender que ele deve aceitar as consequências de ser e agir conforme o próprio perfil?

— Isso e muito mais porque se apresentarmos o "X" no âmbito da carreira dessa forma, pode parecer que é difícil. Mas é justamente o contrário. Pagando o preço de reconhecer que é muito mais parecido com a mãe do que imaginou a vida inteira, tanto física quanto psicologicamente, Arthur poderá finalmente se resgatar, descobrindo por consequência suas verdadeiras armas, seu máximo potencial, os melhores recursos comportamentais para vencer os enfrentamentos da vida, inclusive a construção de sua carreira.

— Interessante. Se, por outro lado, Arthur tentar tocar sua vida com as armas, o potencial e os recursos do pai, totalmente diferentes, vai dar ruim. Seria como colocar o capitão de um navio para pilotar uma aeronave. É mais ou menos isso?

— A sua analogia se encaixa bem, mestre. Arthur, egoísta como a mãe, não pode ficar se espelhando no pai egoísta porque é tudo diferente. As crenças, o linguajar, a visão de mundo. Enquanto o egocêntrico projeta o que tem dentro dele para o mundo, o egoísta se espelha no mundo "de dentro", avalia tudo a partir de si. Em outras palavras, ele procura crescer de dentro para fora e, se inverter essa lógica, não sabe aonde vai, fica "batendo cabeça".

— Deixe-me ver se não restou qualquer dúvida. Então, Marcos, o pai, precisa estar bem com o mundo para vencer em tudo, em qualquer área, até na carreira, necessita sentir que está bem "do lado de fora". Já Arthur, seu filho, se estiver agindo de acordo com sua natureza, vai enxergar seu bem-estar a partir do lado de dentro, e somente depois disso sente que está conectado ao que acontece no mundo para vencer. Confere?

— É uma dicotomia que se forma entre egoístas e egocêntricos e explica, filho, porque muita gente passa a vida inteira tentando encontrar sua vocação, sem jamais conseguir. Explica por que as pessoas fazem cinco, seis formações acadêmicas e dizem que "ainda não se acharam".

— O resgate, usando outra vez a comparação entre navio e avião, mas desta vez por outro ângulo, parece mostrar a Arthur o que seria para ele a velocidade ideal. Digamos que escolha ir de navio na viagem de sua vida e de sua carreira. Ele vai viajar do seu jeito, ao seu estilo, curtindo cada passo, errando e acertando, aproveitando a viagem, lutando e conquistando. Porém, a viagem de navio é sempre mais demorada. Se Arthur tentar ir de avião, se ficar tentando acelerar as coisas e abreviar sua conquista profissional com base na carreira bem-sucedida que o pai já conquistou, encontrará problemas porque o pai venceu usando ferramentas que ele, Arthur, não possui.

— Mestre, agora você mostrou toda a sua capacidade de compreensão. É isso aí. Quando tenta conquistar o mundo com a máxima rapidez, tal qual acontece com muitos jovens que ainda não aprenderam a se conhecer, mas tentam o sucesso e o enriquecimento "a toque de caixa", muitas oportunidades escapam. Já o egoísta como Arthur, se estiver do eixo do "X" para cima, isto é, se Arthur de fato se conhece por dentro e age de acordo com sua percepção egoísta, com certeza vai conquistar tudo com paciência, a passos um pouco mais demorados, claro, mas há de perceber que essa "calma" garante bons resultados. Em resumo, o egoísta foca em sua riqueza interior antes de buscar a riqueza exterior. É aí que fica o núcleo do aprendizado para o nosso leitor: digamos que ele seja egoísta como Arthur. Sendo esse o caso, a velocidade importa menos do que a direção. É preciso saber aonde vai, o que tem feito da vida e da carreira, se realmente vem agindo conforme seu perfil ou se está apenas tentando replicar os resultados de alguém que admira, mas que é seu oposto, tal qual o filho Arthur e o pai Marcos.

— O grande segredo, para Arthur, não é ser igual ao pai.

— Pois é, mestre. O fato de não ser uma cópia fiel do pai em termos de comportamento não é nenhum problema. Aquela história de "filho de peixe, peixinho é" tem sentido, mas cada peixe tem sua individualidade. No fundo, Arthur sabe que a mãe não se contenta com pouco e quer mostrar para ela que é capaz de conquistar uma grande carreira, sobretudo porque viu o pai fazer o mesmo, ter um bom patrimônio, crescer, construir e ser feliz. A sacada, no caso dele, é que essa construção só pode acontecer de dentro para fora. Primeiro, Arthur deverá construir toda a base, fortalecendo o alicerce do próprio mundo, para depois disso conquistar tudo o que ele deseja mundo afora. Quando o mundo, isto é, o macro, enxerga as boas bases de Arthur, ou seja, o micro, tudo flui do mesmo jeitinho que acontece na natureza: cada evento em seu devido lugar e tempo.

— Muito legal, o "X" é mesmo fascinante, pai.

— E observe. Quando os primeiros obstáculos surgirem na carreira de Arthur, sejam uma resposta "não" na entrevista dos sonhos, a promoção que não aconteceu, uma ameaça de demissão ou qualquer desafio nesse sentido, é importante que ele já se conheça porque assim estará fortalecido para aguentar o baque, com seu alicerce firme, preso à firmeza de suas raízes naturais. Do contrário, Arthur será aquele típico "homem montanha-russa".

— Esse eu não me lembro. O que é o "homem montanha-russa"?

— Mestre, é aquele que está todo empolgado com um baita projeto em vista, sentindo-se no topo da montanha-russa, até encontrar o primeiro obstáculo que parece intransponível e o faz descer em vertiginosa velocidade. É quando a pessoa vai da possível ascensão à queda com facilidade, em resumo. Na exemplificação de nosso personagem Arthur, essa queda poderia se transformar em doenças no corpo ou na mente, no uso de drogas, em vícios e excessos.

— Claro que nosso leitor não quer isso, então "bora lá" se conhecer e evitar, não é pai? Mas vamos supor que Arthur tenha feito tudo de acordo com sua natureza egoísta. Qual seria o benefício desse, digamos assim, "acertar" das escolhas?

— Sim, eu só evitaria a classificação de certo e errado, porque às vezes a resposta é relativa. Se o personagem Arthur se conheceu, se respeitou, abriu mão de tentar ser uma pessoa que ele não é, procurou se conhecer e evoluir, a magia da aceitação, que consiste em aceitar ser quem é, faz a sua parte e se encarrega do restante. Ao trabalhar bem seu mundo por dentro, o que está por fora vem até ele, o que também explica por que algumas pessoas são promovidas, prosperam e alcançam coisas boas em tempo recorde. Aos poucos, Arthur vai colocando em prática o que planejou e o resultado alcançado vai confirmando seus planos. Ele dorme, acorda, marca reuniões, dá seu melhor, vive em harmonia com seu interior e com o que está fora, chegando à sua vida com fluidez.

— Tipo aquela teoria "O segredo"?

— Não. No caso do "X", é uma coisa mais pragmática que parte do autoconhecimento. O ponto de semelhança é que as coisas vão acontecendo, mas não apenas porque a pessoa "apenas deseja e pensa positivo", e sim porque se conhece e age de forma positiva, respeitando seu alicerce, seus valores e sua origem. É o momento em que a suposta dificuldade se transforma em leveza e oportunidade.

— É como uma virada de chave. Enquanto Arthur procurava crescer com base na ascensão do pai, estava aprisionado.

— Sim, aprisionado num sistema de escolhas, crenças e comportamentos distantes do dele. A boa notícia é que, ao perceber que de dentro para fora as coisas funcionam, Arthur paga o preço do resgate da própria identidade e se liberta de um cárcere que ele mesmo se impôs desde a infância, desde os primeiros momentos em que tentava copiar o pai em tudo, no jeito de andar, vestir, falar, comer, agir e reagir. Pagando esse preço e se desapegando de algo que jamais foi dele, Arthur passa a viver de verdade e, aos poucos, vê os resultados positivos chegando, especialmente na carreira. Isso também explica quando vemos alguém dizendo *"Fulano mudou para melhor e agora, está crescendo no trabalho"*. Pode ter certeza, filho: quando escutar algo assim, saiba que a pessoa não "mudou para melhor", e sim "resgatou o que tem de melhor".

— Sensacional, pai.

— É o fim que você esperava?

— É ainda melhor.

— Mestre, a cada moeda paga por Arthur nessa metáfora do resgate do ser humano, ele vai percebendo que o universo traz múltiplas oportunidades para que contribua com seus talentos, com seu dom maior. Daí em diante, a carreira deslancha porque o homem velho dá lugar a um homem novo. Isso também nos dá uma boa visão a respeito daquelas pessoas que hoje estão à beira da falência e, um ano depois, estão à beira de atingir o dobro do que tinham. Elas despertaram, encontraram sua identidade, partiram do eixo para o topo do X.

— Estamos falando de uma riqueza material, pai?

— Primeiro, estamos falando de uma riqueza muito mais preciosa, aquela gerada pela descoberta de quem somos e como somos. A partir daí, pode-se pensar e falar em riqueza material porque é um movimento que acontece, adivinhe como?

— De forma natural?

— Exato, da mesma forma que acontece na natureza. Observe que a semente prospera porque sua inteligência primitiva não dá margem para que pense em qualquer coisa que não seja a abundância. Da mesma maneira, quando Arthur ou qualquer ser humano se descobre em completude, não há espaço para a escassez. Dos pensamentos à ação, das ideias à prática, só vem à luz a prosperidade porque toda a construção de seu mundo interior agora emerge de um mergulho que durou praticamente sua vida inteira. Sabe aonde esse emergir vai levar?

— Ao sucesso na carreira?

— Podemos chamar assim, mas eu me refiro aos sonhos realizados em consonância com tudo o que foi pensado e planejado. Tudo o que esse novo homem idealizou fez com que mostrasse ao mundo algo como "aqui está o meu legado", ou "este(a) aqui sou eu, pronto(a) para o mundo".

— Aí chega alguém e diz para o Arthur: "você consegue as coisas com facilidade!".

— Acontece realmente. Quando alguém se desconstrói e se reconstrói para pagar o preço do resgate e viver de acordo com sua essência, acaba causando a impressão de que "tudo foi fácil" em sua vida. De fato, cada área vai fluindo com mais leveza, mas é justo dizer que foi difícil para Arthur, e tantos outros semelhantes no planeta, dizer "adeus" ao seu "antigo eu" que vivia na base do "X" para dizer "olá" ao novo eu, que vive no topo do "X".

— No fundo, a resistência interna talvez seja maior do que a de fora, pai?

— Em muitos casos, sim. Veja que a pessoa vai lá, luta, traz uma coleção de "nãos" para casa e vai inventando um argumento para cada "não" trazido. Quando ela consegue fazer como Arthur e se resgatar, percebe que não era o mundo exterior que estava oferecendo resistência, e sim seu mundo interior, como se ela estivesse cortando, se boicotando, podando cada sonho em pauta.

— A abundância está aí à disposição de todos. É essa a conclusão?

— Sim, desde que se observe algo que vou compartilhar para ajudar qualquer pessoa que almeja o sucesso na carreira, seja ela jovem como você ou um pouco mais experiente como eu: só é possível conquistar um resultado exterior quando você encontrar a harmonia interior. Por exemplo, a nossa empresa de segurança tecnológica tornou-se respeitada porque é especialista em proteção à vida. Mas só conseguimos estruturar esse legado empresarial porque, antes de conquistar uma posição de autoridade setorial, foi verificado que dentro de cada um de nós está cristalizado o desejo de proteger a vida do nosso semelhante. Entende?

— Compreendo sim e acho muito legal, imagino que chegamos lá.

— Onde é esse lá?

— Ao fim.

— E chegamos bem, em sua opinião?

— Pai, acho que a obra está pronta para correr o mundo, desde que o mundo interior também esteja harmonizado com essa mudança que procuramos despertar, a partir do resgate que estamos dividindo. No meu entendimento, se o resgate for adotado, tudo vai ficar muito melhor.

— Mestre, diante de seu argumento, nada mais tenho a dizer, a não ser "muito obrigado" por estar comigo durante toda a construção. Você foi fundamental!

Foi um longo abraço marcado pela emoção de terminar, por aquela prazerosa sensação de "missão cumprida" que temos quando terminamos algo e sabemos que esse "algo" pode impactar positivamente a vida das pessoas.

Enquanto voltávamos para casa, o mestre fez a "pergunta das perguntas", aquela que me encheu de felicidade ao responder.

— Pai, no próximo livro, o "X" vai trazer quais novidades?

Eu o abracei de novo, e respondi.

— Isso a gente decide depois. Agora, vamos apenas celebrar o presente, filho. Passei boa parte da vida imaginando como oferecer o "X" às pessoas. Agora que está pronto, uma nova pergunta me ocorre.

— E qual é?

— Se o leitor que tem a obra diante dos olhos, nesse exato instante, está tão feliz quanto nós. Afinal, nós três chegamos até aqui e nem sempre foi fácil. Tenho certeza de que algumas informações incomodaram aqui e acolá, mas tínhamos que trazê-las.

— Pergunte para ele.

— Como assim?

— Se estivesse frente a frente com o leitor, que mensagem deixaria para ele?

Pensei um pouco, e respondi.

— Eu diria assim, mestre:

Espero que o resgate de todos os tempos e sua principal ferramenta, o "X da questão", despertem em você o desejo de pagar o preço da mudança e da transformação, o preço de desejar uma vida norteada por sua essência natural, e não por ações ou reações, nem pelo espelhamento de agir como agia seu pai, sua mãe, como talvez tenha sido até hoje. Considero importante coletar seu feedback. Encaminhe uma mensagem, diga como o conteúdo ajudou em sua vida e, se fizer sentido, informe que tipo de abordagem gostaria de ver nas próximas obras do X, pois tenha a certeza de que outras obras em semelhante abordagem virão, sempre com um desejo: ajudar você.

— Imaginei que diria algo assim. - respondeu o mestre, e devolvi com outra pergunta.

— Então, o que foi mais edificante para você?

— Pai, desde criança, reparo que o "X" me permitiu conhecer e respeitar sua essência, enquanto procuro conhecer e respeitar a minha.

— Diante disso, nada mais precisei dizer, e o leitor há de concordar comigo.

FIM